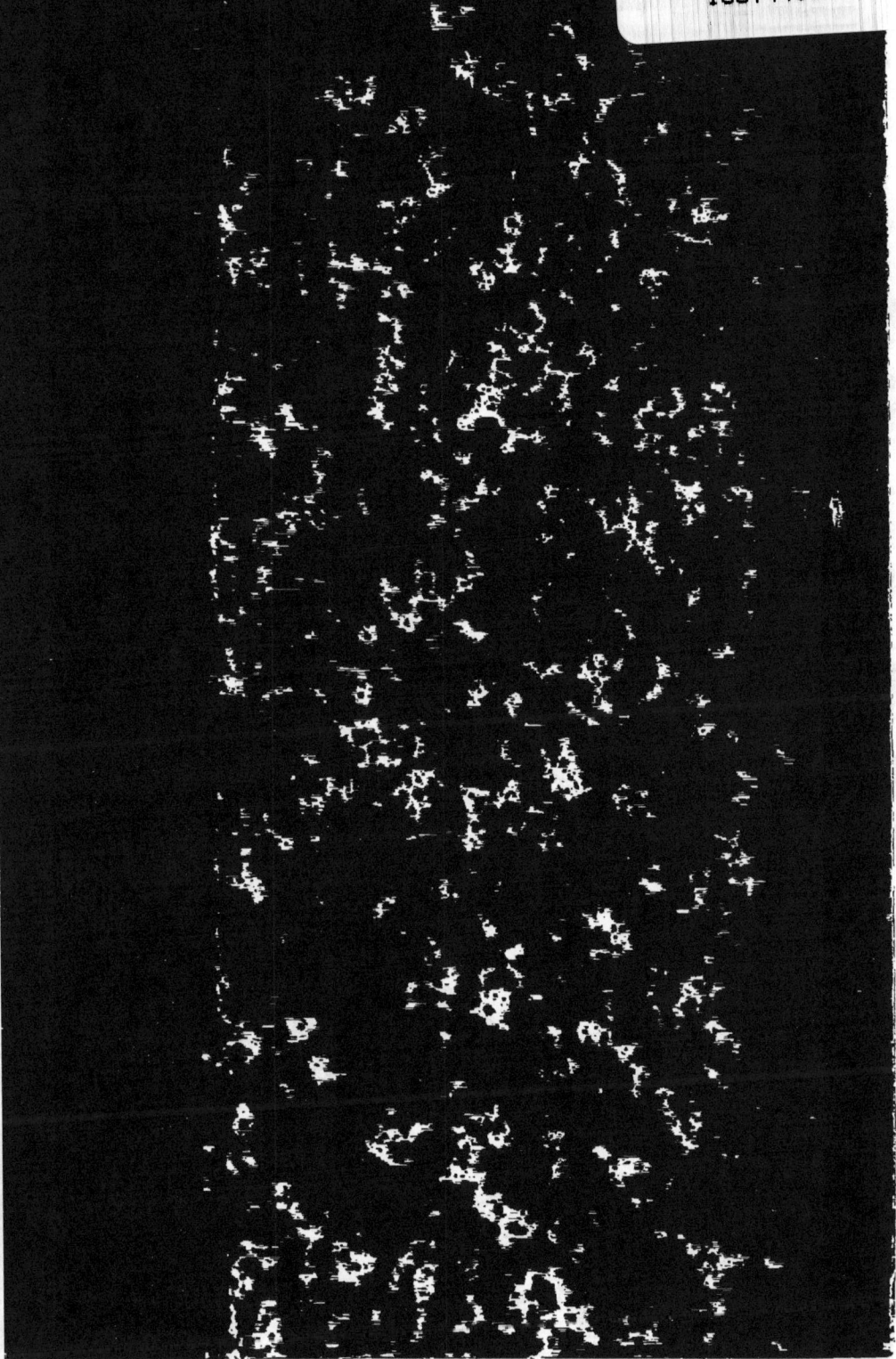

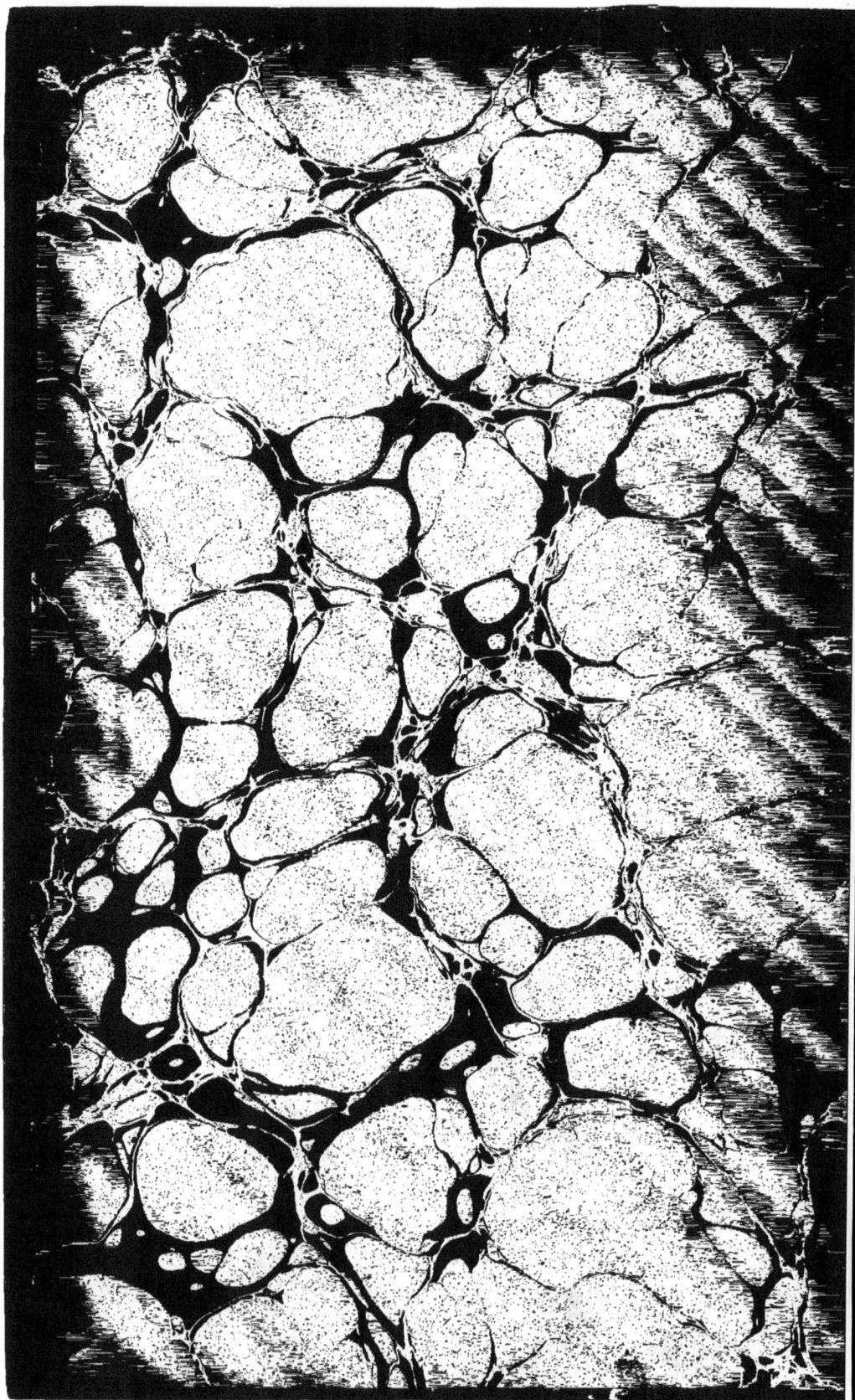

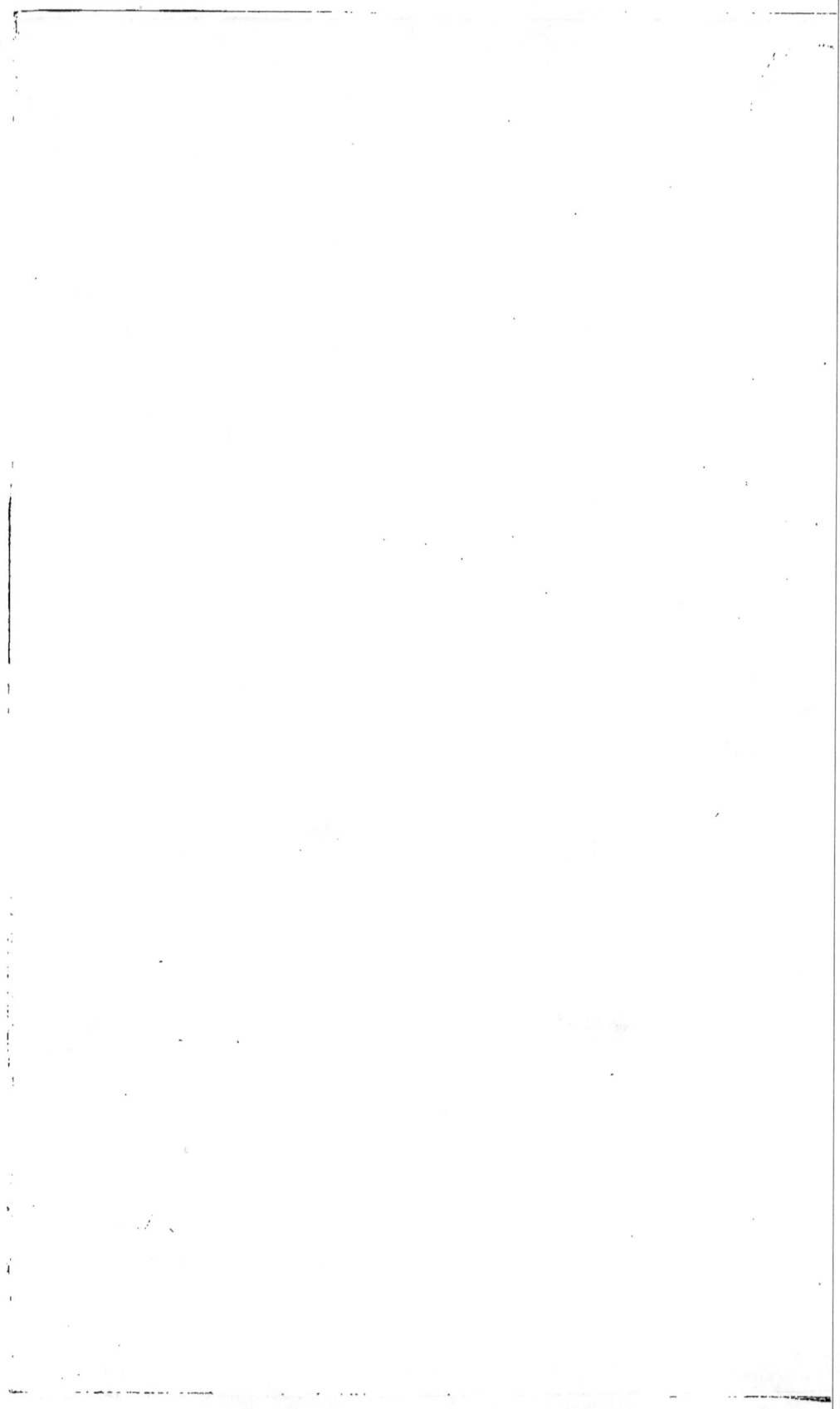

FACULTÉ DE DROIT DE PARIS

DU MODE DE DÉLIVRANCE

DES

BREVETS D'INVENTION

EN FRANCE

Et dans les principaux États étrangers

THÈSE POUR LE DOCTORAT

PRÉSENTÉE ET SOUTENUE

Le jeudi 20 décembre 1900, à 2 h. 1/2

Par Robert TROUSSEL

Avocat à la Cour d'Appel.

Président : M. LYON-CAEN, *professeur.*
Assesseurs : MM. THALLER et DESCHAMPS, *professeurs.*

Le candidat répondra, en outre, aux questions qui lui seront posées
sur les autres matières de l'enseignement.

PARIS
L. BOYER
IMPRIMEUR-ÉDITEUR
15, rue Racine, 15
——
1900

THÈSE

POUR

LE DOCTORAT

FACULTÉ DE DROIT DE PARIS

DU MODE DE DÉLIVRANCE

DES

BREVETS D'INVENTION

EN FRANCE

Et dans les principaux États étrangers

THÈSE POUR LE DOCTORAT

PRÉSENTÉE ET SOUTENUE

Le jeudi 20 décembre 1900, à 2 h. 1/2

Par Robert TROUSSEL

Avocat à la Cour d'Appel.

Président : M. LYON-CAEN, *professeur.*
Assesseurs : MM. THALLER et DESCHAMPS, *professeurs.*

Le candidat répondra, en outre, aux questions qui lui seront posées
sur les autres matières de l'enseignement.

PARIS
L. BOYER
IMPRIMEUR-ÉDITEUR
15, rue Racine, 15
—
1900

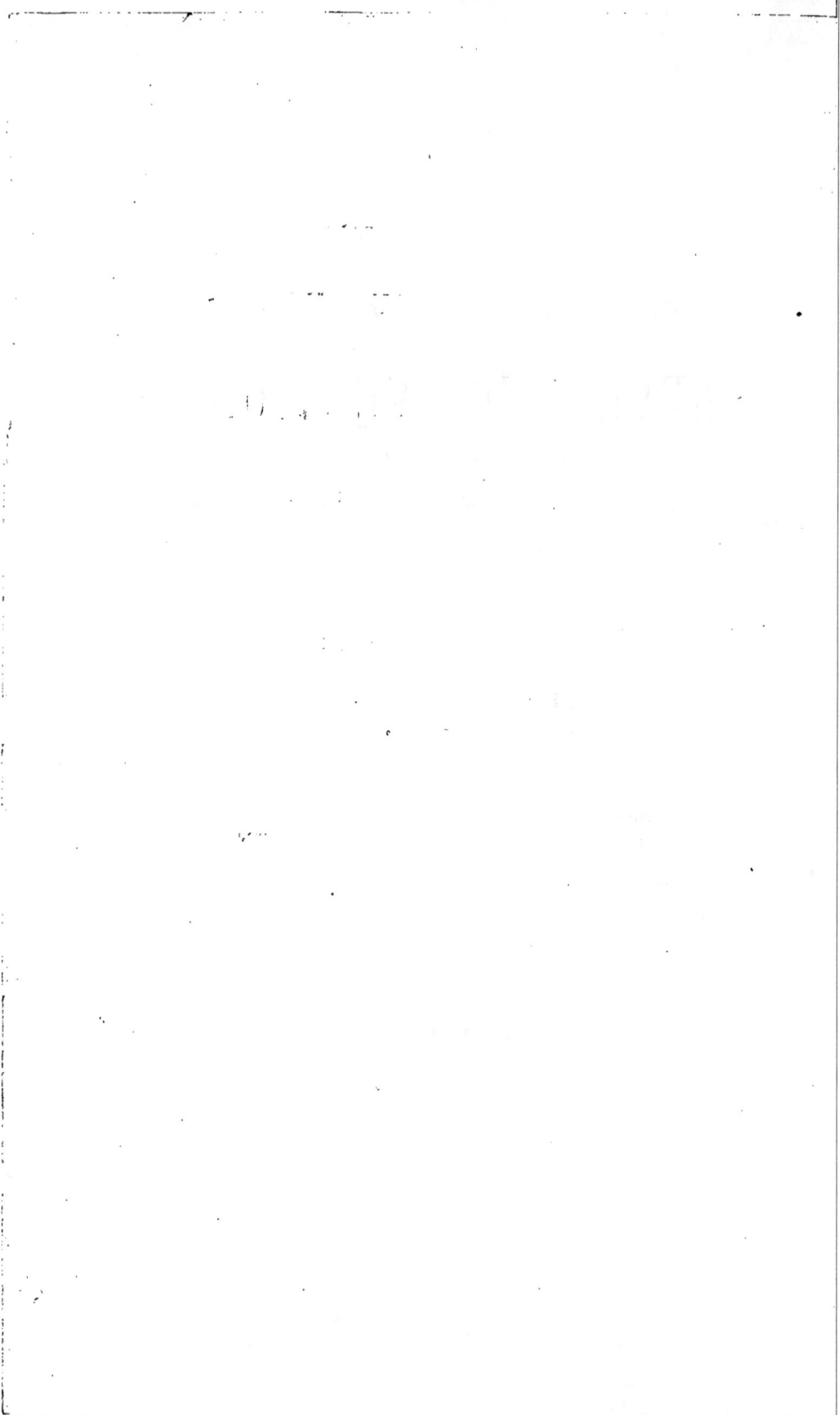

DU MODE DE DÉLIVRANCE

DES

BREVETS D'INVENTION

EN FRANCE

Et dans les principaux États étrangers

INTRODUCTION

De la Légitimité des Brevets d'Invention.

1. — A notre époque, la question de la légitimité des Brevets d'invention a perdu beaucoup de son acuité. Depuis nos défaites de 1870, nous sommes revenus à un sage protectionnisme et il semble que chez nous les polémiques ardentes en cette importante matière se soient évanouies pour un temps.

Vers le milieu du Siècle, il fut loin d'en être de même. Sous le second Empire, et à l'époque de la discussion de la loi du 5 juillet 1844, qui nous régit encore, dans le parti du libre échange les voix les plus autorisées, s'élevèrent contre cette prétention. *Michel Chevallier* fut le grand champion de cette campagne, et dans l'enthousiasme de sa conviction libérale, il ne rêvait rien moins que de supprimer ce qu'il appelait « un outrage à la liberté et à l'Industrie. »

Il tâchait d'en démontrer l'inanité aux trois points de vue, de la Justice, de l'utilité sociale, et de l'utilité individuelle. Le brevet serait contraire à toute Justice, car nous ne saurions prétendre que le breveté est réellement le créateur de l'Invention. Ce peut être un usurpateur, un ouvrier peu scrupuleux, qui ose réclamer le privilège d'une priorité qu'il a surprise. Et même, en dehors de cette hypothèse, l'Invention n'est-elle pas le résultat du travail accumulé des siècles passés et de l'époque présente ? Ce serait le fruit de l'humanité entière, qui, en chaque individu, apporte son obole à l'édifice commun. Et, poussant cette doctrine plus loin encore, Messieurs Picard et Olin (*Traité des brevets d'invention et de la contrefaçon*), affirment qu'il s'est rencontré en plusieurs circonstances, des gens étrangers les uns aux autres, sans relation aucune, aboutissant à des solutions identiques dans le même temps, quoique aux antipodes.

Sur le terrain Economique, le monopole temporaire ne saurait non plus trouver grâce. C'est une entrave à la liberté, au principe de la libre concurrence, le grand

pivot de la doctrine libre échaugiste. Avec lui, la production peut être insuffisante et ne point répondre aux
besoins de la consommation, car entre les mains d'un
seul, fatalement elle doit subir l'influence de la fortune,
de l'intelligence, parfois aussi de la bonne volonté du
Privilégié. Plus encore, pour la qualité des produits,
nous aboutirions à de déplorables abus, surtout pour
les produits de première nécessité ; sans compter que
les inventeurs sont chaque jour à la merci d'exploiteurs sans vergogne. Souvent pressés par le besoin, à
court d'argent après de longues expériences, tantôt
par ignorance, tantôt par soumission, ils se voient
dépouillés dans des marchés où ils jouent malheureusement trop souvent le rôle de dupe.

Et, comme conclusion à ces critiques, *Michel Chevallier*, se posant en adversaire résolu de la loi de
1844, propose comme moyen terme, et comme récompense du prétendu avantage que l'on croit découvrir,
une dotation, une subvention nationale.

Il est aisé de répondre à cette Ecole. Elle semble
s'être appuyée sur une déduction logique de ses principes, plutôt que sur une analyse réelle des faits. En
effet, tout d'abord, quelle valeur peut-on attribuer à ce
système mixte de subvention nationale ? Une nation,
si riche soit-elle, ne pourrait subvenir à d'aussi colos-
sales dépenses, à moins que ce ne soit une simple
concession au principe. Et le pût-elle, par quel moyen
déterminer la valeur de l'Invention, même approxima-

tivement ! Les caprices de la mode, les variations des besoins, les difficultés de la statistique, sont autant de facteurs qui en rendent la tâche impossible. Déterminera-t-on cette utilité sociale au cours de l'exploitation commerciale de l'invention? La plupart de nos objections se retrouvent dans cette hypothèse, à côté de la gêne de la situation pécuniaire de l'intéressé.

Il nous faudra donc en revenir à notre système de brevets, et malgré l'opinion libérale, il nous paraît répondre au mieux aux intérêts de la collectivité. Si parfois l'inventeur doit se défendre de la malveillance toujours en éveil d'exploiteurs sans scrupules, une aggravation de peines pour contrefaçon pourrait être une mesure sagement réformatrice, et en même temps nous conserverions une institution en tous points conforme aux lois économiques.

Le monopole est un encouragement au travail, une perspective de fortune, incitant le savant ou l'ouvrier aux recherches pratiques; le seul mobile influent, j'oserais dire, car ce serait bien mal connaître le genre humain dans son ensemble, de croire à l'autorité du simple avantage honorifique. L'intérêt seul, surtout à notre époque, est capable de cette impulsion. Et il ne faut pas craindre qu'une fois en possession de son monopole, le breveté ne réponde pas aux nécessités de la consommation; car ce même mobile d'intérêt s'y retrouve. Il exploitera par lui-même ou s'associera, il appelera des capitaux à son aide ou

concèdera des licences, peut-être même transmetera-
t-il son droit à un tiers, tout ceci suivant les circonstances du moment ou de l'entreprise. Et ses produits
seront de bon aloi grâce à ses bénéfices suffisamment
rémunérateurs, et au désir d'assurer le maintien et
l'accroissement d'une clientèle constante. Nous disons
même que le brevet est pour une large part dans le
succès commercial de l'invention ; sous le régime de la
concurrence, chacun tâchant de produire à moindre
prix, la qualité en souffre, et l'effet s'en répercute
sur la clientèle ; tandis que le breveté, pourvu d'un
bénéfice encourageant, seul à produire, peut et doit,
s'il ne méconnaît pas son intérêt, établir et conserver
la renommée de ses produits, en vue du jour, où son
brevet étant achevé, il aura à compter avec des industries rivales. Si nous ne pouvons dire que le brevet
est la condition *sine qua non*, de la réussite, du
moins, il hâte, il assied sur des bases plus solides, la
diffusion de nos produits.

Et, par déduction d'une thèse trop théorique, n'allons
pas détourner l'ouvrier intelligent de son travail de
recherches, l'inciter à garder pour lui seul ou pour
l'étranger, un progrès que nous n'aurons su protéger.
L'intérêt l'y portera facilement, comme au temps de
nos anciennes corporations, nos apprentis émi-
graient vers l'Angleterre à la fois plus libérale et plus
protectrice.

Et même, à côté de cette utilité sociale sacrifiée,

en refusant toute protection à l'inventeur, nous lui
ferions presque un droit de porter à l'étranger, son
invention méconnue : Le brevet est juste, parce que
c'est une compensation due aux travaux et aux dépenses de l'intéressé, parce qu'ayant fourni à la collectivité une partie de son patrimoine sous forme de création utile il doit en récupérer le montant. Plus encore,
au risque de professer une hérésie pour certains, il
nous semble que l'invention est la Propriété de l'inventeur, indiscutablement sienne.

On reconnaît sans réserves qu'elle présente ce
caractère, tant qu'elle reste à l'état de pensée, d'idée,
sans divulgation extérieure. Le savant en est bien le
seul maître, libre de la tenir secrète ou de la divulguer, et c'est même de toutes les propriétés la plus
sûre. Ignorée, purement personnelle, elle ne saurait
être l'objet de réclamations tracassières.

Encore prétend-on amoindrir cette propriété de l'idée,
en reprenant l'argumentation de *Michel Chevallier*
citée au début de cet exposé : L'invention ne serait
que la résultante de tous les efforts accumulés; ce
serait une conséquence issue presque d'elle-même de
l'état de la science humaine; de façon latente elle s'y
trouverait en germe et l'homme n'aurait en quelque
sorte qu'à se courber pour la cueillir. D'où plus de
droit, plus de cachet personnel, et implicitement plus
de compensation et de récompense nationale, l'avan-

tage social se réduisant presque à rien, à une simple priorité, si tant est que cette priorité existe.

Les intransigeants de cette école en concluent à la non-intervention de la puissance administrative. *Cheval-lier* plus conciliant, accepte, nous avons vu, le système de la subvention.

A de pareilles hypothèses, il n'est guère besoin de réponse. Les travaux de nos savants, leurs veilles et les vaines tentatives consumant tant de précieuses existences, nous dispensent de toute autre critique. Rien n'est plus clair que ce qu'on a trouvé hier, mais rien n'est plus difficile que de prévoir ce que l'on trouvera demain.

Il est ainsi un fait acquis, la propriété de l'invention non divulguée. Mais une fois répandue conserve-t-elle ce caractère ? La plupart des auteurs le lui refusent. Elle ne le possède point par suite de l'absence d'un des éléments essentiels de cette notion juridique. L'invention est une constatation purement immatérielle, un simple raisonnement, une simple analyse des différentes forces ou des différents modes de la nature. On ne saurait la saisir, la faire sienne, physiquement, réellement. L'idée est à personne et tombe dans le domaine public.

Ce raisonnement est fondé en droit. Notre législation définit en effet la propriété « la faculté de jouir et de disposer d'une chose de la façon la plus absolue » *Art.* 544 *Code civil.* L'idée n'est certainement pas une chose, et d'ailleurs la loi du 5 juillet 1844, s'abstient volontairement d'employer cette qualification.

En cela, elle est d'accord avec le principe général ; mais en droit naturel, en est-il toujours ainsi ? Cette idée, résultat de tant d'efforts, due à nos seules recherches, pouvons-nous dire qu'elle n'est plus nôtre une fois connue de tous ? N'est-elle pas frappée de notre marque ? Les membres de la Constituante avaient reconnu cette propriété en tête de leur réglementation des brevets. Pour eux, le droit des Inventeurs était la plus inattaquable, la plus sacrée, la plus personnelle des propriétés. Mirabeau et M. de Boufflers, le rapporteur en furent les orateurs les plus enthousiastes.

Ainsi, nous admettons que l'invention est bien la propriété indiscutable de son inventeur. D'où il résulte, que le brevet, devrait être une institution de protection, de sauvegarde de cette propriété, et non pas un privilège basé sur une question d'intérêt social. Sans doute cette distinction ne peut avoir grande conséquence pratique : Tandis que si le brevet est un privilège, il présente un caractère essentiellement restrictif, si c'est un droit il offre plus d'élasticité et plus de latitude au Juge. Mais au moins, au point de vue du Juste, ce serait l'affirmation des vrais principes de la matière.

Cette nouvelle propriété, j'en conviens, doit être temporaire. C'est un droit il est vrai ; cependant, dans

toute législation positive, le droit doit compter avec
les exigences matérielles de la nation. Intérêt social
et principe de justice, tels sont les guides des bons
législateurs, et dans la question qui nous occupe, si ce
même intérêt social, uni au droit, revendique une protection pour l'inventeur, quand la compensation, la
récompense se trouvent faites, la valeur du produit
établie, la libre concurrence doit reprendre son action.
Nous aurions alors dans nos lois, deux sortes de propriétés bien distinctes ; la propriété matérielle et per-
pétuelle, la propriété intellectuelle et temporaire.

La légitimité du brevet me semble suffisamment
démontrée. Les *deux bases* juridiques, (justice et intérêt social), y vont de pair, et Michel Chevallier, semble
s'être laissé éblouir par une conception trop dogmatique.
Sans doute, la liberté économique sera restreinte, et
c'est de cette restriction que le grand maître du libre
échange ne saurait s'accommoder ; néanmoins après
les arguments fournis, une pareille solution ne saurait
s'expliquer que par l'aveuglement d'une conviction
étroite. Sur ce dernier point même, de la liberté économique, nous ne saurions voir une atteinte à cette
indépendance : Si l'inventeur n'avait pas produit
telle découverte, l'industrie n'aurait pu la faire sienne,
et, par notre système de monopole temporaire, nous
ne pouvons léser une nation d'une chose qu'elle ne
connaissait pas. C'est *nous* qui l'avons fait connaître ; on ne saurait donc voir là une restriction des

droits d'autrui. Certains objectent : sans ce monopole, d'autres auraient pu découvrir ! Quelquefois, peut-être, et si rarement ! Quelques exceptions d'ailleurs ne sau-raient nous faire renier le principe, surtout devant un ensemble aussi compact de raisons de natures diverses.

Tous les Etats ont reconnu le brevet d'invention dans leurs lois, sauf certaines particularités de détail. Seules, quelques petites nations, la Roumanie, la Grèce, les Pays-Bas, n'ont pas encore opéré cette réforme, et ceci s'explique aisément par l'état embryonnaire de leur industrie. La Turquie elle-même a suivi la majo-rité. L'Angleterre, dès Jacques Ier, sous l'influence de Bacon, devançait de plusieurs siècles les nations conti-nentales. En France la première réglementation date de la Constituante. La Suisse fut, jusqu'à ces dernières années, à suivre les nations voisines, et son état de prospérité industrielle fut même le grand argument des partisans de la liberté. Cette prospérité s'expliquait aisément. Elle venait de la division du travail que les Suisses appliquèrent les premiers et de l'exportation des produits nationaux. D'ailleurs, leur industrie ne tarda pas à se voir devancer par celles des autres pays, et ce fut l'origine de la réglementation nouvelle.

Il est actuellement un point acquis : les statistiques montrent, de façon péremptoire, le rapport de la richesse publique avec le degré de la protection de l'Invention industrielle.

II. — Ce travail a en vue l'examen des divers modes de délivrance des brevets d'invention. Toutefois, sans négliger l'analyse des formalités à remplir pour la présentation de la demande de brevet, ni celle des conditions de fond qu'une invention industrielle doit réunir pour être brevetable, nous nous attacherons plus particulièrement à définir le rôle de l'Administration dans la délivrance : C'est en un mot l'étude des théories de l'examen préalable et d'absence d'examen que nous nous proposons d'approfondir.

Cette thèse sera divisée en 3 titres.

Sous la rubrique du titre I, nous exposerons les principes d'examen préalable et d'absence d'examen au point de vue théorique, nous attachant à dégager de cette étude d'ensemble quel est le régime le plus propre à satisfaire à la fois et l'intérêt public et l'intérêt privé du requérant.

Le titre II sera consacré à l'exposé des diverses législations relatives aux brevets. Un premier chapitre traitera longuemment de la législation française, qui a le privilège d'être le type des législations d'absence d'examen. Le second chapitre aura trait aux législations qui ont suivi la loi française dans cette voie, (Belgique, Italie). Enfin un troisième chapitre comprendra un aperçu des législations des nations Germaniques et Anglo-saxonnes qui se sont ralliées au régime d'examen. (Etats-Unis d'Amérique, Allemagne, Grande-Bre-

tagne, Autriche, Suisse). Ce titre sera clos par une conclusion tirée de ces analyses successives.

Enfin le titre III s'occupera du droit international,
tant au point de vue de la loi française du 5 juillet 1844,
qu'au regard des conventions internationales, (Convention de Paris de 1883. Convention de Madrid de 1891).

En appendice, nous définirons le caractère de territorialité des brevets et envisagerons la possibilité de
la création de brevets internationaux.

TITRE I

Des théories de l'examen préalable et du non-examen.

(ETUDE D'ENSEMBLE).

Examen préalable et absence d'examen, quel est bien le sens de ces deux expressions? C'est là, la question capitale de notre travail et toutes nos considérations d'ordre plus particulier se présenteront à nous sous forme purement explicative et de simple éclaircissement.

Tout état, reconnaissant à l'inventeur un monopole temporaire, l'oblige à faire valoir ses droits auprès de l'autorité administrative. Celle-ci lui délivre une sorte de reconnaissance, en même temps qu'elle avertit le public de la demande faite et des conséquences privatives qui en découlent à son égard.

Mais quel est au juste la fonction de l'autorité administrative? Doit-elle se renfermer dans la réception du dépôt et la délivrance pure et simple du brevet, ou jouit-elle d'une certaine liberté d'appréciation de l'invention en elle-même et de la forme dans laquelle la requête lui a été présentée ? Peut-elle en un mot, après examen, rejeter la demande et refuser au requérant la délivrance du brevet ? Nous avons en deux mots posé les données du problème. Dans la première hypothèse nous sommes sous le régime du non-examen, dans la seconde sous celui de l'examen préalable.

Ce n'est pas dire que dans le cas de non-examen, l'autorité administrative se trouve réduite à l'état de simple système enregistreur. Sans doute elle ne saurait en rien apprécier les conditions de fond de la demande, les éléments constitutifs de l'invention sur lesquels l'inventeur s'appuie pour revendiquer la protection légale. Elle ne saurait non plus être juge de la validité de forme des pièces de procédure, car une telle appréciation nécessiterait forcément une analyse minutieuse de la requête, ce que, par hypothèse, le législateur a voulu soigneusement éviter.

En principe, le législateur n'a pas cru devoir exposer l'inventeur à la négligence ou plutôt à l'incompétence d'une administration trop souvent mal préparée à une appréciation aussi complexe ; par suite, il ne saurait permettre à cette administration de se prononcer par exemple sur la suffisance de la description, ou sur les restrictions ou réserves que peut contenir la requête, tout aussi bien que sur les questions touchant au fond même de la prétention émise. Car dans les deux cas il y aurait examen ; dans les deux cas, l'autorité compétente devrait compulser, lire et apprécier, et ce serait

méconnaître le principe essentiel du régime de non-
examen.

Mais ne doit-il pas en être autrement quand il s'agit
d'un fait certain, précis, en dehors de toute contestation possible ? Pourquoi, en ce cas, ne point permettre
à l'administration de refuser *de plano,* une requête
indiscutablement irrégulière ; il n'y aura pas à craindre ni erreur ni partialité, puisque c'est un fait qui
s'impose. Et c'est ainsi que les législations soumises au
principe de non-examen, lui ont permis de contrôler,
si le dossier fourni par le requérant contient réellement
les pièces exigées par la loi, si la demande a un titre,
et aussi si les taxes dont le paiement est dû antérieurement au dépôt de la demande, ont été effectivement
soldées. La loi française du 5 juillet 1844 a limité clairement la compétence de l'autorité administrative aux
conditions *purement extérieures* de la demande.

Le régime de l'examen préalable est tout autre.
Cette limitation ne s'y retrouve plus. L'autorité administrative a complète liberté d'appréciation et peut, à
son gré, admettre ou rejeter la prétention de l'inventeur.
En dehors des questions de procédure, elle examine,
pèse, apprécie la demande, s'assure de sa validité et
même de sa valeur économique. Loin de se cantonner
dans le domaine étroit que lui offre l'autre système, elle
juge ici en appréciateur souverain. Cette doctrine absolue admise en Russie, a été tempérée dans la plupart
des autres Etats. Le principe reste le même, mais,

l'examen se restreint aux conditions juridiques. Le requérant conserve l'entière appréciation de la valeur, et de l'utilité de son œuvre.

Les deux théories, nous l'avons vu, ont leurs partisans en pratique. L'Angleterre, l'Allemagne, les Etats-Unis, la Russie se sont rangés du côté de l'examen préalable. C'est d'ailleurs la caractéristique des nations du Nord. Les peuples du Midi, de race latine, ont plutôt suivi notre pays avec le système opposé. Cette considération peut s'expliquer par les théories économiques en honneur dans chacune de ces contrées. Le Nord, plus volontiers socialiste d'Etat, devait être porté fatalement, en l'espèce, à accroître au préjudice de l'initiative privée le rôle de l'État centralisateur. C'était une déduction logique de ses principes. A l'encontre, le Midi, encore imbu des idées de la vieille école classique devait préférer le système de la Constituante.

Et en ceci, il a eu raison. La doctrine est pour ainsi dire unanime à le reconnaître en France et il serait bien malaisé de trouver chez elle de sérieux soutiens du système de l'examen. Les auteurs se sont complu à en montrer l'inanité, la faiblesse, et il semble qu'il y ait impossibilité à étayer sur des bases solides cette pratique d'origine Germanique et anglo-Saxonne.

Et tout d'abord, supposons un ministre ayant la libre disposition des brevets. Ne sera-t-il pas enclin au favoritisme ? De notre temps, les nations sont divisées

en factions rivales, nombreuse, jalouses de leur prospérité respective. Ce ministre n'aura-t-il pas une bienveil-
lance indulgente pour certains? une sévérité mesquine
vis-à-vis d'autres ? Notre argument porterait moins, sans
doute, dans un État de vieille tradition, où l'autorité
forte et respectée n'est en butte à aucune opposition.
Indépendante, libre d'elle-même, n'ayant personne à
combattre ni à favoriser elle applique dans ses actes
cette indépendance dont elle jouit. Et malgré tout, il est
à craindre que ce ne soit une conception purement hypo-
hétique. Autour du pouvoir gravite une suite ambi-
tieuse de courtisans ; ce que d'autres exigent par là
force ou la menace, elle l'acquière par la flatterie.
D'ailleurs, à bien compter, combien trouvons-nous en
notre siècle, de ces États à tradition ancienne ? S'il
en subsiste quelques-uns encore, le nombre semble
en décroître sensiblement à chaque génération nouvelle.

Et puis, acceptons l'hypothèse d'une administration
ayant une loyauté parfaite ! L'examen auquel elle doit
se résoudre, présente de tels caractères de complexité
que sa tâche en deviendra presque impossible. Elle
devra examiner les conditions extérieures de la
demande, comme dans le non-examen ; mais, à côté,
il lui faudra être jurisconsulte, disséquer l'invention,
la retourner sur toutes ses faces, pour voir si elle réu-
nit tous les éléments de brevetabilité. Il lui faudra
aussi se tenir au courant des inventions industrielles,

en quelque pays que ce soit, afin de se prononcer sur le caractère de nouveauté. L'administration devra même s'ériger en censeur des mœurs, le plus triste apanage sans conteste. La morale est chose éminemment changeante, soumise aux influences les plus diverses, du climat et du temps, principalement de la coutume.

D'un tel mélange de circonstances saura-t-elle démêler la vérité ? Il est permis d'en douter, et surtout si sa compétence s'étend à l'appréciation de l'utilité de l'invention. S'il fallait, dans l'hypothèse précédente, un jurisconsulte pour apprécier la validité de la demande, un moraliste pour sauvegarder la moralité publique, dans ce dernier système, il ne faudrait rien moins qu'une administration, joignant à ces qualités déjà si complexes, une connaissance approfondie de la science économique, des affaires commerciales, de la technique industrielle. Car elle joue ici le rôle de représentant de la société, en même temps que celui de conseiller de l'individu.

L'intérêt général peut parfois réclamer une production abondante, pour des objets de large consommation, elle devra alors reconnaître cette exigence, par un refus de tout monopole. Et, en sens inverse, si l'intérêt national n'est pas pressant, elle aura pour mission d'étudier l'utilité de la demande au point de vue du requérant. Sous ce régime l'individu est soumis à une sorte de tutelle.

Voici donc l'administration, commerçante, familière avec les transactions de toute espèce, se tenant fidèlement au courant des oscillations du marché ; ce sera vraiment une administration modèle, si tant est qu'elle se tienne à sa tâche. Malheureusement, cette tâche est bien lourde, écrasante et aussi bien indiscrète. Ce n'est autre que le régime de l'Inquisition qui nous est proposé : En effet, dans toute question de réussite, le crédit de l'intéressé, à défaut de ressources personnelles, doit être mis au premier rang, et pour en établir une approximation sérieuse, il n'est que deux moyens possibles, la détermination arbitraire par l'Etat ou la détermination par l'intéressé : Inquisition ou fraude, il est à craindre que ce ne soit, dans la plupart des cas, le résultat d'une telle doctrine.

Ce n'est pas que la liberté économique soit en tous points excellente. L'école classique s'est laissée abuser par le rigorisme de ses principes, en soutenant l'infaillibilité de la libre concurrence. Utile et supérieure au monopole, dans son ensemble, elle est sujette cependant à de nombreuses défaillances. Chaque cas, chaque acte dans le domaine économique doit être étudié séparément, dans une soigneuse analyse de ses détails, et si l'analyse nous fait toucher du doigt son infériorité, nous n'aurons aucun regret à lui préférer l'ingérence de l'Etat. Mais encore, faut-il que cette infériorité soit bien manifeste. Et, en l'espèce, l'exposé qui précède sans compter d'autres bonnes raisons que nous développerons dans la suite, ne saurait nous rallier évidemment à la cause de l'examen.

Ce serait même une profonde atteinte à la prospérité économique de la nation. L'inventeur, n'ayant aucune certitude d'obtenir son brevet, n'ira pas sacrifier en pure perte, pour l'honneur, sa santé et sa fortune en des travaux improductifs. Notre système ressemble fort à l'absence de tout monopole. Incertitude ou absence, manquent également de stimulant, de cette perspective encourageante d'un commerce fructueux.

Toutefois, nous ne saurions être d'une absolue intransigeance. Il peut se rencontrer certaines circonstances exceptionnelles, où le brevet soit une entrave à la consommation nationale ou même à son développement économique.

De telles circonstances seront bien rares, le breveté ayant toujours intérêt, par quelques moyens que ce soit, à répondre aux besoins de la clientèle ; mais enfin elles peuvent se produire. Nous n'hésiterons pas alors à admettre une intervention de l'Etat, non plus de l'autorité administrative, puisque nous sommes sous le régime du non-examen, mais du pouvoir législatif avec toutes ses garanties. Ce sera une simple exception au principe.

Et il n'y a pas lieu de redouter ici les inconvénients de tout à l'heure : Cette compétence n'aura à s'exercer qu'en des circonstances infiniment exceptionnelles, en

des besoins pressants, impérieux de la collectivité, et
ce ne sont point là, ce semble, des faits d'expériences
journalières.

D'ailleurs, par ce moyen, sous un régime constitu-
tionnel, nous aurons une représentation de toutes les
classes sociales. C'est à cette représentation que sera
remise la faculté de décider si le brevet doit être main-
tenu ou s'il doit être racheté, exproprié, au profit de
tous. La garantie ne sera pas illusoire, car il est évident
que dans le sein de cette assemblée, les divers intérêts
de la nation seront plus ou moins, mais certainement
représentés.

Le système de l'examen ne saurait donc nous satisfaire. Il donnerait libre cours à la partialité et à l'ignorance de l'administration, ce qui ne saurait être le propre d'une saine doctrine. Et pour qui s'intéresse au
maintien de l'ordre social, ce serait de fort mauvaise
politique. L'administration n'aurait pas à se réjouir de
cette aubaine. Elle serait l'origine d'une nouvelle éclosion de mécontents ; à tort ou à raison, en cas de rejet,
le requérant ne manquerait pas de se retourner contre
elle, et je crois que nos gouvernants, en ce siècle
troublé, n'ont guère besoin pour leur stabilité d'un
tel appui. Plus encore, ils auraient contre eux, non
seulement les évincés, mais aussi le consommateur
dans certains cas de délivrance. En donnant à l'inventeur un certificat de brevet, dans l'hypothèse
d'examen de l'utilité de la chose, par le fait même

de la délivrance, ils la marquent en quelque sorte
d'un cachet d'encouragement. Le public invité à l'ac-
quisition de tels produits, consacrés par visa, se laisse
guider avec confiance. Si le produit ne répond pas à
ses espérances, d'autant va s'accroître le domaine du
dénigrement.

J'entrevois une dernière conséquence du système
d'examen préalable et je doute fort qu'elle puisse satisfaire les partisans des principes fondamentaux de
notre organisation politique contemporaine. Il est inutile de s'arrêter sur la lenteur résultant d'un pareil système. Plusieurs mois pourront s'écouler avant la réponse
de l'Administration, sans que personne puisse s'en
étonner. Ce sera une aggravation abusive du mal qui
ronge toutes nos administrations « la *bureaucratie* » ;
mais enfin passons sur ce mal. La décision rendue par
l'autorité sera-t-elle définitive ? Non, sans doute, car
les tiers n'ont pu intervenir, ou s'ils l'ont pu, l'insuffisance de la publicité n'a pas été sans leur rendre
cette faculté presque illusoire. Cette insuffisance, jointe
à tant d'autres causes, semble un motif largement con-
vainquant pour le maintien des garanties de droit commun. Ils pourront donc attaquer le brevet devant les
tribunaux, et nous sommes, de ce fait, en présence
d'une violation flagrante du grand *principe de la séparation des pouvoirs*. Le pouvoir judiciaire s'immisce dans le prétendu domaine du pouvoir exécutif,
et peut en vérifier les actes ; les bases essentielles

de nos sociétés modernes ne sauraient être plus méconnues.

Certains pays, tout en acceptant le régime de l'examen préalable, ont cru devoir le tempérer par une procédure spéciale. Cette procédure est dite en théorie « *Procédure provocatoire aux oppositions* ». La législation allemande en est le type. Le requérant expose d'abord sa prétention à l'autorité compétente. Celle-ci se rend compte de l'objet en lui-même, sinon de sa valeur industrielle, du moins de la validité juridique des prétentions qui en résultent. Mais, avant toute décision, un droit d'opposition à la demande est ouverte aux Tiers, pour lequel un certain délai leur est imparti. Nous avons alors une sorte de procès, où l'administration joue l'office du juge, et où les diverses parties intéressées peuvent fournir leurs revendications, sous forme de mémoires.

Ce système, malgré cette apparence de rectification, ne saurait présenter plus d'avantages que le système d'examen proprement dit. Les mêmes lacunes, les mêmes inconvénients d'incompétence, de favoritisme, de lenteur et de quasi-investiture administrative s'y retrouvent; nous y retrouvons même l'opposition des deux pouvoirs exécutif et judiciaire, car la plupart des nations qui ont cru devoir l'adopter, pour ne pas dire toutes, ont conservé aux tiers, l'accès des tribunaux de droit commun, du moins partiellement.

Peut-être, le nombre des litiges en sera-t-il légèrement amoindri ; c'est, à coup sûr, le seul résultat heureux qui en résulte.

Le système américain présente une autre variante. Il offre à l'impétrant un recours immédiat contre la décision administrative, devant les tribunaux judiciaires. Ceux-ci ont un contrôle absolu capable de ratifier ou d'anéantir cette décision, dans tous ses effets. On ne saurait présenter, sous une forme plus saillante, ce funeste empiètement des pouvoirs l'un sur l'autre, et c'est même un vrai sujet d'étonnement de le voir en honneur dans un État où la séparation des pouvoirs a été toujours considérée comme la base essentielle de la Constitution.

Ainsi donc le principe de l'examen préalable pris dans son expression la plus simple ou recouvert sous les apparences de procédures diverses ne peut soutenir l'analyse. Je m'étonne que l'on ait pu trouver à ce système une seule raison probante à son actif. Sans doute il aura pour effet de supprimer bon nombre de brevets insignifiants, ridicules, fruit d'une imagination trop complaisante. C'est une œuvre, tant de charité que de bonne gestion économique, que l'on ne saurait négliger. Le problème a son importance : la proportion des demandes, a toujours été croissante, et nous le devons au développement des industries modernes aussi bien qu'à la rivalité fiévreuse de la lutte pour l'existence. Cependant le système contraire, du non-examen ne tarde pas à opérer cette élimination

nécessaire. L'intéressé est encore le meilleur juge de
sa situation. Lui seul, connaît son intérêt, ses ressources et ses déboires. Il peut se livrer à une mauvaise
entreprise, quelques semaines, quelques mois peut-être,
mais si elle ne peut le satisfaire, il aura bien vite fait
d'y renoncer. Il ne paiera plus la taxe annuelle et son
invention tombera dans le domaine public, et il en aura
été quitte pour les quelques centaines de francs des
taxes précédentes. Les statistiques ont en effet constaté chez nous que 50 pour 100 des brevets sont
atteints par cette déchéance à la fin de la première
année, et qu'à la fin de la deuxième année, il n'y a
pas 50 brevets pour 1000 qui payent la taxe. Ce triage
se fait donc naturellement entre les inventions utiles et
celles qui ne le sont point.

L'inventeur aura parfois à regretter une première
mise de fonds, souvent considérable, de forts capitaux
consacrés à l'achat d'un matériel coûteux ou aux nécessités de la réclame, mais ce ne serait qu'illusion de
vouloir l'en détourner. Ces dépenses auront dans la
plupart des cas précédé la demande de brevets, et, ne
l'eussent-elles point précédée, ce ne sera pas le refus
d'une administration trop souvent soupçonnée, à tort
ou à raison, peu importe, qui aura le don de lui faire
reconnaître son erreur. Il sera bien trop persuadé de la
supériorité de son œuvre. Il exploitera, coûte que coûte,
s'il ne va plutôt porter son invention à l'étranger.

Pour les vices de fond que peut présenter le brevet,

laissez enfin agir les tiers intéressés. Eux, mieux que tout autre, sauront les y découvrir. Le brevet choque-t-il les exigences de la morale, ne présente-t-il pas les caractères indispensables, de nouveauté, d'invention économique, d'invention brevetable, ils ne se feront pas faute d'en appeler aux Tribunaux. On ne saurait être mieux placé qu'eux pour juger en pleine connaissance de cause. Pour la plupart commerçants ou industriels, en faisant cette appréciation, ils restent dans le domaine de leur profession.

Les litiges seront portés devant les tribunaux de droit commun, gardiens naturels des intérêts privés. Les Juges, ayant devant eux les prétentions émises par les parties, se prononceront en toute indépendance. Sous une bonne constitution, en effet, où le pouvoir judiciaire peut se mouvoir en dehors de la pression tyrannique d'un gouvernement de parti, il n'a à compter ni avec les circonstances politiques, ni avec les prétentions de caste. La séparation des pouvoirs est la condition «*sine qua non*» de cette indépendance. Dans notre critique du principe d'examen, nous avons insisté sur le favoritisme et l'ignorance d'une administration, dont les attributions étaient méconnues. Tandis que dans le système d'absence d'examen, nous voyons ces funestes inconvénients, sinon totalement supprimés, du moins bien amoindris. Il y aura, j'en conviens, les frais du procès et les dommages-intérêts qui peuvent être forts élevés, mais, dans le système opposé, il en est de même, puisque la plupart des nations qui l'ont adopté ont conservé aux tiers le recours devant les tribunaux en cas de délivrance. Et si nous devons nous réjouir, dans ce système, de la diminution de procès toujours fâcheux, ce sera au prix de quelles compensations ? Nous n'avons qu'à faire un retour aux paragraphes précédents pour nous en convaincre.

Nous admettons donc sans hésitations le principe d'absence d'examen. Cependant, bien que partisan de ce système, nous croyons utile, toujours dans ce même but de diminution de procès, de modifier, contrairement au droit commun, la portée des jugements qui peuvent intervenir, et de restreindre la faculté d'actionner en nullité de brevets.

D'après les règles ordinaires de procédure, un jugement n'a autorité de la chose jugée, qu'entre les parties en cause. Il serait bon d'étendre la portée des jugements relatifs aux brevets à l'égard de tous *erga omnes*, pour éviter sur un même point de nouveaux procès qui ne sauraient avoir d'autre solution. C'est d'ailleurs ce qui a été admis par plusieurs législations. De même ne pourrait-on pas rendre irrévocable tout brevet qui n'aurait pas été contesté dans un certain délai, de plusieurs années sans doute ; les tiers semblent par leur inaction en avoir reconnu la validité ; et ainsi nous délivrerons l'intéressé de toute incertitude sur un brevet désormais incontestable.

Si quelques nations industrielles, sous l'influence de

certaines écoles, ont méconnu la supériorité indéniable
du principe de non examen, il peut se réclamer en
France de la presque unanimité de la doctrine. Renouard, Bédarride, Rossi et Pouillet en sont les pro-
pagateurs convaincus, et nous pourrions citer à leur
suite la totalité des auteurs français qui ont écrit en
la matière. M. Pouillet dans son ouvrage ne craint
point de l'affirmer. Citant à ce sujet, un passage de
Renouard il ajoute : « Je ne sache pas un seul auteur
qui ne partage les sentiments de *Renouard* ». (*Traité
sur les brevets d'Invention et la contrefaçon*, chapitre III. Section 2).

En France le principe d'absence d'examen fut admis
dès la première réglementation. A la Constituante, le
rapporteur de la loi nouvelle, M. de *Boufflers*, n'eut
pas de peine à convaincre l'assemblée. Un instant, il
fut discuté devant le conseil des Cinq-cents, par la
commission spéciale chargée de l'examen de la question des brevets, mais cette dernière ne tarda pas à
revenir de son opposition, ce qui fit dire à M. *Bedar-
ride* : « Cette rétractation si honorable pour ceux qui
la proclament, est le témoignage le plus éclatant, le
plus premptoire de l'utilité et par conséquent de la
nécessité du principe de non-examen ». Lors de la
discussion de la loi du 5 juillet 1844, le principe d'absence d'examen fut assez violemment combattu. La
discussion fut longue et éloquente, et le nom de *Por-
talis* suffirait à retenir notre attention ; mais en fin de

compte la majorité fut considérable. Comme couronne-
ment, au congrès de Paris de 1878 sur la propriété
industrielle, il devait encore l'emporter, succès d'autant
plus significatif, que la discussion y mettait en présence
les représentants des deux partis. N'est-ce pas une
consécration définitive ?

A propos de ce congrès il convient de dire deux
mots, d'un système intermédiaire qui y fut proposé.
L'administration n'aurait plus droit d'examen, mais
elle devrait aider le requérant de ses conseils. Ce système a été dénommé « Système de l'avis préalable ».
Je ne verrais pas grande objection à lui opposer en
dehors de son inefficacité certaine. Comme nous l'avons
répété en d'autres hypothèses, c'est une entreprise
bien délicate d'essayer de convaincre l'inventeur ; et
nous aurions par contre une nouvelle source de len-
teurs insupportables que nous ne saurions trop redouter. Ce serait d'ailleurs nos seules critiques.

Et, en terminant, nous ne saurions mieux faire que
d'emprunter à Renouard (*Traité des brevets d'Invention*), un superbe passage sur l'inactivité du l'initiative
privée. Chez nous spécialement l'individu a besoin
d'être réveillé de sa torpeur et de se convaincre que
la prospérité économique de la nation vient en majeure
partie de ses seules forces. Le rôle de l'Etat pourra se
faire sentir, en cas d'insuffisance, mais au cas seulement
d'indéniable nécessité :

« Le public de notre pays n'est que trop accoutumé

à ne pas s'occuper lui-même de ses affaires et à se reposer de leur surveillance sur qui veut en assurer le soin. Nous aimons que le gouvernement nous prenne en tutelle ; c'est sur lui que nous rejetons le maintien des intérêts généraux et nous serions presque tentés de le remercier, lorsqu'il s'immisce dans la gestion de nos affaires privées. Cette paresse des peuples, féconde pour eux en péril ne mérite pas d'être suivie et encouragée. Que les artistes qui souhaitent un brevet prennent la peine d'examiner eux-mêmes s'ils ont droit et intérêt. Que le public n'abdique pas son rôle naturel de juge, et qu'il se donne la peine de se former une opinion sur le mérite des inventeurs dont on lui expose les produits ; chacun dans l'examen de son avantage personnel et de ses convenances particulières sera mieux servi par lui-même que par son gouvernement qui a d'autres surveillances à exercer, d'autres devoirs à remplir, et est institué à d'autres fins ».

En l'espèce, nous avons su comprendre les conseils de Renouard. Qu'il soit permis d'espérer que nous saurons en saisir mieux encore la portée dans l'avenir.

TITRE II

Etude des principales Législations

CHAPITRE PREMIER

Législation Française.

LOI DU 5 JUILLET 1844.

DES INVENTIONS BREVETABLES

Quoique le titre de notre travail ne comprenne que l'étude des diverses conditions de délivrance des brevets, lesquelles s'identifient, dans notre législation soumise au principe de non-examen aux seules conditions de forme, il nous semble indispensable de donner un rapide aperçu des éléments constitutifs de l'invention brevetable. Il en est le préliminaire nécessaire, car, saurions-nous entreprendre l'exposé des applications d'une chose, sans connaître cette chose elle-même ?

Les conditions de fond des brevets sont énumérées

par les articles 1, 2, 3, 30, 31, de la loi du 5 juillet 1844.

Nous les diviserons en cinq catégories distinctes qui formeront autant de paragraphes dans l'ordre que nous allons indiquer : L'invention pour être brevetable doit : 1° être nouvelle ; 2° présenter un caractère industriel ; 3° se conformer strictement aux prescriptions limitatives des articles 2 et 3 de la loi de 1844, qui déterminent formellement parmi les inventions qui peuvent être conformes aux conditions de nouveauté et de caractère industriel, une énumération restrictive des inventions brevetables ; 4° elle doit aussi ne choquer ni la moralité, ni l'ordre publics, ni méconnaître les lois du pays ; 5° enfin, la demande doit être présentée par une personne capable d'après les règles de droit commun sous peine de contestations possibles devant les tribunaux judiciaires par les tiers intéressés.

PREMIÈRE CONDITION (*De la nouveauté*).

C'est, à bien dire, la condition essentielle : sans elle, on ne saurait concevoir de brevet.

Le brevet est une juste compensation dûe à l'inventeur par la Société pour les avantages qu'il lui procure ; si l'inventeur ne fait qu'emprunter les données d'une pratique déjà ancienne, la raison se refuse à admettre une récompense pour une chose qu'il n'a point faite, surtout au préjudice de l'intérêt public. En France l'ap-

préciation de ce caractère de nouveauté est laissée à
l'entière disposition du juge, et c'est une question de
fait sur laquelle la Cour de Cassation ne pourrait exercer son Contrôle. Le juge a pour mission de rechercher
si la prétendue invention n'était pas connue antérieurement, quel que soit d'ailleurs le mode de divulgation.
L'art. 31 de la loi du 5 juillet 1844, est, sur ce point très
explicite : « Ne sera pas réputée nouvelle, toute découverte, invention ou application qui, en France ou à
l'étranger, et antérieurement à la date du dépôt de la
demande, aura reçu une publicité suffisante pour être
exécutée ». Peu importe les questions de temps et de
lieu. Il ne saurait y avoir de différences entre la divulgation dans un pays voisin ou dans un pays éloigné.
Et la publicité dût-elle dater de plusieurs siècles et
être tombée depuis longtemps dans l'oubli, elle ne
saurait échapper aux prescriptions absolues de l'art.
31. Sur ce dernier point l'Allemagne a adopté une
solution contraire à la nôtre. La loi allemande du
7 avril 1891. Art. I, par. 2, ne considère pas comme
nouvelle l'invention qui n'a plus été décrite depuis un
siècle. Il s'agit ici de publicité proprement dite et non
pas d'exploitation, car, la loi Allemande ne fait plus
cette distinction en ce dernier cas.

Par publicité nous entendrons tous actes donnant
au public connaissance de l'invention, soit par l'exploitation, soit par la description dans le livre ou un journal, soit même par la rumeur publique. Cette expres-

sion doit être prise au sens le plus large. Evidemment
il en sera ainsi pour toute invention faisant déjà partie
du domaine public, et qui, par ce fait même, se trouve
connue ; et l'invention, actuellement en cours de brevet, ne saurait être l'objet d'un autre privilège valable, puisque la description exigée par la loi lui fait
perdre également ce caractère. De même, et pour les
mêmes raisons, une invention déjà brevetée à l'étranger ne pourrait l'être en France, tous les Etats, en
principe, donnant une publicité immédiate au brevet,
voire même parfois à la requête elle-même avant
toute décision de l'autorité compétente, par exemple
dans les pays qui ont cru devoir adopter le système de
procédure provocatoire aux oppositions (Loi allemande
du 7 avril 1891).

Il ne faudrait cependant pas croire que la divulgation effective soit nécessaire. La loi se contente de la
possibilité de divulgation. Du jour où les intéressés ont
la faculté de prendre une facile connaissance de l'invention, cette invention n'est plus brevetable et le brevet qui serait délivré pourrait être utilement attaqué
devant les *Tribunaux Judiciaires*.

Deuxième condition (*Caractère industriel*).

La loi du 5 juillet 1844 n'a en vue que le développement industriel ; les questions de propriétés littéraires
et artistiques sont réglées par des lois spéciales. Elle

ne s'adresse pas non plus aux recherches purement
scientifiques ; son rôle est essentiellement pratique,
strictement économique. Ceci résulte clairement de
l'article 31, paragraphe 3 (loi de 1844) : « Seront nuls
et de nul effet les brevets délivrés... si les brevets
portent sur les Principes, méthodes, systèmes, découvertes et conceptions théoriques ou purement scientifiques dont on n'a pas indiqué les applications industrielles ». Le mot *Industrie* est évidemment employé
dans son sens le plus large, et désigne non pas uniquement l'industrie manufacturière, mais bien l'ensemble
des productions matérielles, plus ou moins directement
utiles à l'homme.

On ne doit pas admettre dans le cadre de notre loi
les inventions auxiliaires de l'industrie, utiles sans
doute à l'exploitation, mais qui ne sauraient constituer
une invention industrielle proprement dite. Pour que
l'invention ait réellement le caractère industriel, il faut
qu'elle tende à la mise en œuvre du travail manuel de
l'homme pour créer un produit ou le moyen d'obtenir
un produit ou un résultat.

C'est ainsi que l'invention d'un nouveau moteur pour
véhicules automobiles constitue assurément une invention industrielle, l'invention ayant pour résultat la mise
en œuvre du travail de l'ouvrier pour la création d'un
produit matériel. Mais il en serait tout autrement, par
exemple, pour les cartes avec photographie employées
par nos compagnies de chemin de fer pour le **contrôle**

de leurs abonnés. En ce cas, l'invention n'a pas directement un but industriel ; elle peut faciliter l'exploitation, la mise en œuvre d'une industrie, lui servir d'auxiliaire, mais d'elle-même elle n'est pas directement utile à la production économique du pays. La loi du 5 juillet 1844, dans son article 3, nous en donne un exemple en déclarant non brevetables les plans et combinaisons de crédit et de finances.

Ajoutons que la loi du 5 juillet 1844, ne protège l'invention industrielle, qu'autant que cette invention est pratiquement utilisable. Ceci résulte tant des travaux préparatoires que de l'esprit de la loi. Le brevet est une récompense, une compensation offerte par la nation à l'inventeur pour les avantages économiques qui lui ont été procurés. Dans notre hypothèse, la nation pourra peut-être jouir dans la suite du profit de l'invention, mais, actuellement, la société n'a rien reçu et ne saurait par suite être tenue à un dédommagement.

TROISIÈME CONDITION. *Prescriptions limitatives des art. 2 et 3 de la loi du 5 juillet 1844.*

Citons d'abord ces deux articles :

Art. 2. « Seront considérées comme inventions et découvertes nouvelles : L'invention de produits nouveaux ; l'invention de nouveaux moyens ou l'application

nouvelle de moyens connus pour l'obtention d'un résultat ou d'un produit industriel. »

Art. 3. « Ne seront pas susceptibles d'être brevetés:
1° Les compositions pharmaceutiques de toute espèce,
lesdits objets demeurant soumis aux lois et règlements
spéciaux sur la matière, 2° les plans et combinaisons
de crédit et de finance.

Ces deux articles sont essentiellement limitatifs, ce
qui résulte tant de leurs textes que des travaux préparatoires. L'article 2 fait une distinction entre le produit et le résultat ; il convient pour l'intelligence des
développements de se faire une idée précise de cette
différence. Le produit est l'effet matériel, tangible, de
la découverte, c'est l'objet que nous pouvons prendre,
la chose que nous pouvons toucher. Le résultat consiste dans la simple satisfaction des besoins de l'humanité. Ainsi j'invente une machine, c'est un produit ; au
contraire par suite de combinaisons délicates, j'arrive
à créer une lumière nouvelle c'est un résultat, pur
avantage immatériel n'ayant d'effet que sur la sen-
sibilité humaine.

I. — Ceci dit, *le produit industriel est brevetable.*
Peu importe les moyens employés, fussent-ils connus,
le cachet de nouveauté résidant dans le produit lui-
même. L'inventeur aura l'exploitation privilégiée, du
produit seulement, bien entendu, car il ne saurait mo-
nopoliser en sa faveur, des moyens depuis longtemps

tombés dans le domaine public. Et pour l'appréciation
de la nouveauté du produit, nous devons le considérer
dans son ensemble ; toute œuvre nouvelle emprunte
dans ses détails des éléments étrangers, par la force
même des choses. L'appréciation qui disséquerait en
quelque sorte l'objet pour en étudier séparément chaque partie aboutirait fatalement à l'inutilité du § I
de l'art. 2. En effet, puisque nécessairement toute invention emprunte aux données anciennes de la science,
une part de ses éléments, si nous ne la considérons
pas dans son ensemble, nous en arrivons à cette déduction que l'invention n'est pas nouvelle (art. 2 § I).

II. — *Quant au résultat nouveau, il ne saurait être
l'objet d'un brevet.* — Nous sommes d'abord en dehors
des termes de la loi qui ne parle que du produit, et
raisonnablement nous ne pouvons permettre un monopole sur un résultat auquel tant d'autres peuvent aboutir par des voies différentes. Ce serait anti-économique
au premier chef, car ce serait restreindre le domaine de
l'activité nationale en des limites ridicules. L'inventeur
pourra obtenir l'exploitation privilégiée du moyen s'il
est nouveau ou si, quoique connu, il s'applique à une
destination nouvelle ; par exemple on pourrait obtenir
brevet pour une nouvelle combinaison capable de produire une lumière nouvelle, mais non pas évidemment
pour la lumière elle-même. Ce serait paralyser la science
dès son origine.

III. — Une troisième question s'offre à nous à propos *des produits de la nature.* Ici, la loi ne nous est d'aucun secours et semble même à première vue admettre la possibilité du brevet, car en effet elle ne fait aucune distinction d'origine. Mais tel n'est certes pas le sens intime de notre législation. Elle a en vue la récompense des efforts de l'individu en tant qu'ils portent sur des combinaisons nouvelles, sur un résultat dû à l'ingéniosité de l'inventeur et non pas sur de simples travaux de recherches et de curiosité. Il suffit pour légitimer cette restriction de penser que le savant ayant eu la bonne fortune de trouver le phosphate de chaux, pourrait en accaparer le commerce exclusif.

IV. — L'art. 3 (loi du 5 juillet 1844) a fait une exception au principe de la brevetabilité des produits de la main de l'homme. D'abord pour les produits pharmaceutiques. Le législateur a cru répondre à l'intérêt général en donnant aux remèdes le plus de diffusion possible. Peut-être aurait-il été plus avantageux d'encourager leur perfectionnement par un privilège ; il est vrai que dans la pratique l'inventeur arrive au même résultat à l'aide des marques de fabrique et du nom Commercial : Le produit fait partie du domaine public, mais la marque ou le nom en caractérise la provenance. Une seconde exception se rapporte aux plans et Combinaisons de crédit et de Finance. Ce dernier cas, n'est pas à vrai dire, une exception, mais plutôt une juste application des principes de la loi sur les brevets qui a en vue uniquement la protection de l'invention matérielle.

V. — *L'invention de moyens nouveaux* entre aussi dans le Cadre de l'art. 2. Le caractère du produit, qu'il soit connu au non, ne saurait ici influer sur la validité du brevet, la condition indispensable de nouveauté se trouvant dans les moyens eux-mêmes. Notre législateur a voulu battre en brèche les vieilles routines, les vieux systèmes, et l'on ne saurait trop applaudir à cette extension naturelle de l'encouragement dans l'industrie.

VI. — *Application nouvelle des moyens connus.* — Dans ce cas, les moyens sont anciens, mais reçoivent une destination nouvelle ; ils sont appliqués en vue d'un autre résultat ou d'un autre produit. Il est hors de doute que ce résultat ou ce produit doit présenter certains éléments inconnus jusqu'alors, car autrement nous nous trouverions en dehors des conditions essentielles du brevet, puisque aussi bien le produit que les moyens eux-mêmes seraient empruntés à l'Etat actuel de l'industrie. Ainsi mettre des roulettes à un fourneau ne constitue pas une invention brevetable, car depuis longtemps on a utilisé les roulettes pour faciliter le maniement des meubles ; il n'y a donc rien de nouveau à utiliser ce même procédé pour les fourneaux. Mais il en serait autrement de l'invention qui consiste à affûter des outils par un jet de sable projeté par la vapeur ; en ce cas, il y a application nouvelle, et aussi un résultat nouveau ; les outils sont aiguisés d'une façon plus perfectionnée.

Nos auteurs ont créé une terminologie spéciale pour bien marquer cette opposition. Ils distinguent *l'emploi nouveau* de *l'application nouvelle* (cette dernière expression au cas où l'emploi était antérieurement inconnu).

VII. — Tout autre serait l'hypothèse de *combinaisons de moyens connus*. La condition de nouveauté est dans le fait même de cet assemblage.

De même le cas de juxtaposition qui en est une simple variante. Parfois une distinction est faite entre ces deux termes. La combinaison nouvelle serait brevetable, mais la juxtaposition ne le serait pas. Cette critique nous semble purement gratuite, car la juxtaposition peut aussi bien, en certaines circonstances, nécessiter de l'inventeur une forte somme d'ingéniosité et de talent.

VIII. — La loi du 5 juillet 1844, ne nous parle pas de l'application nouvelle d'un produit connu. Evidemment nous sommes dans le domaine de *l'art. 2 p. 2* ; le cas doit rentrer par analogie dans le texte ; relatif à l'application nouvelle de moyens connus, car on peut logiquement assimiler un tel produit à un moyen. La loi ne s'est occupée que des cas les plus fréquents, suivant l'adage « *de co quod plerumque fit* ».

En terminant refusons tout caractère de nouveauté aux changements de forme et de matière, *par suite* non brevetables, car les produits qui en résultent ne constituent pas, à proprement parler, des produits nouveaux, à moins qu'ils n'aient une utilité spéciale dûe à cette transformation. En outre le changement de forme peut être protégé par la loi sur les Modèles et les dessins dont le plus souvent il présentera les caractères.

QUATRIÈME CONDITION. (*Conformité aux bonnes mœurs, à l'ordre public et aux lois*).

L'invention ne doit préjudicier en rien à la tranquillité et à la sécurité publiques; elle doit aussi ne pas contrecarrer les exigences actuelles de la Morale, chose éminemment variable, soumise aux influences diverses et du temps et du lieu. En outre nos Codes interdisent formellement certaines exploitations, et *a fortiori* les brevets qui s'y rapportent. Les poudres, tabacs, ne peuvent être en France l'objet d'une fabrication particulière, d'où il résulte que nous ne pouvons obtenir un droit exclusif d'exploitation pour une chose dont la fabrication nous est interdite. Mais évidemment nous aurions la faculté de transmettre à l'Etat, à titre gratuit ou onéreux, le résultat de nos recherches. L'exploitation est prohibée mais l'invention reste toujours chose permise et digne d'encouragement.

CINQUIÈME CONDITION (*de la Capacité du Requérant*).

Nous renvoyons cette question à l'étude de la demande des brevets.

DE LA DEMANDE DES BREVETS
ET DE LEUR DÉLIVRANCE

L'inventeur a droit au privilège du brevet par le fait même de son invention. La loi a voulu donner un encouragement ou plutôt une juste compensation à l'inventeur dont l'ingéniosité parvient à accroître le patrimoine industriel de la nation ; il sufût donc d'être ou plutôt de se prétendre créateur d'une industrie nouvelle pour avoir droit à la protection légale, sauf toutefois la faculté laissée aux tiers de recourir devant les Tribunaux Judiciaires à fin de prouver l'inanité de ces prétentions. Mais, ce privilège ne sera apposable aux Tiers qu'après qu'il y ait eu enregistrement de la demande de la part de l'administration. Cet enregistrement ou pour mieux dire cette délivrance du brevet sera portée à leur connaissance par divers modes de Publicité. Grâce à elle, les tiers pourront s'élever contre tout monopole indument usurpé, si le cadre de la loi leur rend cette opposition possible ; ils y trouveront encore l'avantage

d'une description détaillée et complète leur permettant
d'exploiter l'invention à l'expiration du brevet, et d'é-
viter pendant sa durée les mécomptes de la contrefaçon. Et quant au breveté, il trouvera dans le dépôt de
sa requête, une confirmation légale de son droit de
priorité ; le brevet est dû à la première demande et
non pas à la première découverte, son intérêt est de
hâter le dépôt de sa demande le plus possible.

La loi de 1844, s'occupe des formalités de la demande
dans son titre 2. Sect. I. Elle les énumère dans trois
longs articles clairement détaillés, réduisant très heureusement le domaine de la discussion à de bien rares
controverses.

De la demande. — La demande est l'acte principal de la procédure, dont les autres actes ne seront
que les documents explicatifs. Elle doit être adressée
aux termes de la loi « au ministre de l'Agriculture et
du Commerce » ; par adresser, il faut entendre qu'elle
sera rédigée en forme de requête, de placet au ministre, et non pas expédiée dans les bureaux du ministère.

Notre texte, ne répond plus à notre époque, à la
distribution de nos ministères ; actuellement l'Agriculture forme un département distinct, et un autre est
constitué par la réunion du Commerce et de l'Industrie ;
cette réforme était commandée par l'extension crois-

sante de cette dernière. La requête devra donc être adressée au ministre du Commerce et de l'Industrie.

Aucune formule n'est exigée sous peine de nullité. La rédaction est laissée à la libre disposition du requérant ; on peut aussi se servir de papier libre. La plupart des demandes ont lieu en pratique sous forme de simple lettre.

La demande doit être absolue, et ne saurait comporter ni conditions, ni réserves. Ce sont les expressions même de l'article 6 de la loi. Ainsi, nous ne saurions demander un brevet pour un temps à venir, pour dans trois mois, dans un an par exemple. Nous ne saurions non plus le soumettre à une condition résolutoire stipulant que le brevet serait considéré comme non avenu, en cas de manque de réussite, d'insuccès commercial. L'effet de cette méconnaissance des prescriptions de l'article 6, se réduirait à une simple nullité relative ; les énonciations illicites, seraient seules considérées comme non écrites, sans atteindre le brevet en lui-même. C'est ce qui résulte, tant de l'esprit de la loi et des travaux préparatoires, que du simple bon sens, malgré la portée absolue de l'article 1172 Code civil. Cependant certains auteurs ont préféré la solution contraire. Pour eux la nullité est absolue et le brevet totalement nul. C'est en outre l'opinion émise par Bédarrides (*Commentaires des lois sur les brevets d'inventions*, n° 120), qui soumet la nullité du brevet aux règles générales de l'article 1172 Code civil. Par contre, Monsieur Pouillet (*Traité sur les brevets d'invention et la contrefaçon*, n° 98), Renouard (n° 154), Blanc et Nauguier et la presque totalité de la doctrine ont répudié formellement cette extension.

L'exposant devra indiquer dans sa demande la durée qu'il prétend assigner à son brevet. L'article 4 de la loi de 1844, lui offre le choix entre 5, 10 et 15 années, Généralement le requérant préférera la durée maxima, et avec raison, car, adopter une durée plus courte serait restreindre l'exploitation de son privilège en des limites étroites et définitives, et il devrait pour jouir d'un délai supplémentaire obtenir du pouvoir législatif une loi particulière. Et d'ailleurs il lui sera facile de se libérer des charges qui lui incombent, en négligeant de payer les taxes annuelles ; l'invention tombera dans le domaine public et le dégagera entièrement. On ne conçoit qu'une seule hypothèse où le requérant ait intérêt à stipuler la durée de 5 ans, au cas où il aurait l'intention de transmettre son privilège, parce qu'alors, aux termes de l'article 20, le paiement intégral des taxes échues ou à échoir est la condition *sine quâ non* de l'enregistrement de la cession ; et cependant ne serait-il pas souvent plus avantageux de prolonger la durée du brevet, car d'autant en serait accrue la valeur.

La demande doit être limitée à un seul objet principal. Cette restriction a été nécessitée par une question d'intérêt fiscal. Il eût été trop facile de faire breveter plusieurs inventions distinctes sous le couvert d'une seule et l'Etat se trouverait d'autant fraudé de ses redevances. Ajoutons une autre raison, la difficulté du classement et de la publicité des brevets.

Mais, cela va sans dire, la demande peut comprendre les dispositions accessoires, les éléments qui forment en quelque sorte le corollaire de l'invention, la condition de réussite ; ainsi pour un système nouveau d'épuration de gaz, le brevet peut s'étendre également aux résidus de la fabrication, alun, soude ; de même, à propos d'une machine nouvelle, nous pouvons par le même acte revendiquer la protection de la loi, pour le mécanisme capable d'en assurer le fonctionnement, s'il présente les caractères de brevetabilité.

L'article 6, nous le dit formellement par ces mots. « La demande sera limitée à un seul objet principal avec les détails qui le constituent », et il ajoute « et les applications qui auraient été indiquées. » Nous devons donc indiquer dans notre demande, les applications de notre invention dont nous prétendons conserver l'usage exclusif. L'invention de moyens nouveaux ainsi que l'application nouvelle de moyens connus, ne sauraient raisonnablement se comprendre sans une telle détermination, parce qu'alors la découverte des moyens nouveaux serait une pure conception théorique, en dehors du domaine de la loi, et que dans notre seconde hypothèse, l'expression elle-même et le simple bon sens, impliquent nécessairement un but pratique.

Ce sont en l'espèce les applications des moyens qui forment l'objet du brevet ; le brevet étant un privilège, il est légitime qu'il se renferme strictement, dans les limites assignées par le requérant lui-même, c'est une règle touchant à l'essence même du privilège.

Cependant, il ne faudrait pas pousser la déduction de ce principe à l'absurde.

Evidemment les applications analogues, ne différant entre elles que par des points de détail insignifiants, doivent rentrer sous la même rubrique. Si nous ne devons accroître la portée des stipulations de la demande, nous ne pouvons non plus en restreindre la juste signification. Si j'invente un nouveau mode de traction mécanique à l'usage des voitures sur route, sans conteste, ma revendication s'entendra des cycles, et des véhicules de lourde charge. C'est l'évidence même.

Quant au produit breveté, il ne paraît pas nécessaire d'en indiquer les applications. Par le fait même de l'enregistrement de la demande, l'inventeur a un droit exclusif à la fabrication de ce produit et quel que soit l'usage auquel on le destine, fût-il ignoré du producteur, on doit fatalement acquérir le produit des mains du possesseur du brevet. Car autrement ce serait aller à l'encontre des termes mêmes du privilège. Cependant, comme nous avons eu l'occasion de le montrer dans le chapitre précédent, l'inventeur d'une application nouvelle, pourra revendiquer le monopole de l'application, autant que le lui permettent les conditions des brevets de perfectionnement restrictives des droits des tiers, mais nous aurons ici un brevet tout différent du premier, l'un portant sur le produit et l'autre seulement sur l'application.

La demande doit aussi contenir un titre. Le titre doit renfermer la désignation sommaire mais précise de l'objet. Son but est de permettre le classement de l'invention sous une rubrique claire et suffisamment explicative, offrant aux intéressés un mode facile de contrôle. Il doit enfin être loyal, pour ne pas égarer leur jugement, sous peine de nullité d'après l'art. 30 paragraphe 5. Ce sont d'ailleurs les seules conditions nécessaires. Un développement plus détaillé ferait double emploi avec les autres pièces qu'exige la procédure.

Quelle est maintenant l'importance de la demande ? Doit-elle énumérer non seulement l'objet principal, mais aussi les points de détail et les applications ? Divers arrêts de la Cour de Cassation se sont formellement prononcés en ce sens. (Cour de Cassation arrêt du 21 août 1846. 18 janvier 1845 même affaire). « Le brevet, dit l'arrêt (21 août 1846) ne donne le droit privatif que relativement à l'objet pour lequel il a été demandé et obtenu. Sans doute ce droit s'étend à tous les moyens et procédés mentionnés dans le mémoire descriptif qui concourent au même but que l'invention principale et se confondent avec elle, encore qu'ils ne soient pas énoncés dans la demande... mais il en est autrement des moyens et procédés étrangers à cette invention

principale que l'inventeur a cependant indiqués dans la
spécification. Le brevet ne les protège pas ». Et prenant
texte de cet arrêt, MM. Picard et Olin (*Traité des brevets d'invention et de contrefaçon industrielle*, n° 286)
ajoutent : « Vous avez décrit cela, il est vrai, mais
vous n'avez pas demandé le brevet ; il en est de cela
comme de beaucoup d'autres détails que l'on insère forcément dans toutes les descriptions et sur lesquelles le
brevet ne porte pas. Il eut fallu le mentionner dans la
Requête après l'avoir indiqué dans la description ».

Ce raisonnement paraît d'une logique rigoureuse ; il
semble que l'on ne puisse pas accorder plus qu'il n'a
été demandé, *ultra petita*. Cependant la plupart des
Tribunaux et des auteurs se sont refusés avec raison
à suivre cette déduction dans ses conséquences pratiques. Un arrêt de la Cour de Paris du 13 mai 1865
admet que le « breveté peut revendiquer le bénéfice de
l'invention qui se trouve indiquée dans la description,
alors qu'il ne ferait porter expressément sa demande
sur ce point ». *Idem* Pouillet n° 106.

Et, en effet, si l'on admettait cette exigence, il eût
fallu que la demande soit la copie exacte de la description, de crainte de l'ingérence tracassière de concurrents évincés dans une question aussi délicate. Ce
serait une répétition inutile et certainement contraire
au vœu de la loi.

D'ailleurs l'art. 11 prescrit la remise en même temps
que la délivrance de l'arrêté ministériel constatant la

régularité de la demande, du duplicata de la description, sans parler de la demande, n'est-ce pas une sorte de reconnaissance de la part du législateur de l'insuffisance, de la concision de cette dernière? La description et la demande, ne forment qu'un seul et même tout; la description est le développement, le commentaire de la demande qui se contente de donner un aperçu précis mais succinct des prétentions émises.

Ainsi à la demande doit être ajoutée une description détaillée : Le requérant y fait connaître les secrets et les combinaisons de son œuvre dont il a dû donner une idée générale dans la demande. C'est à cette description que les tiers, à l'expiration du brevet s'adressent en vue de l'exploitation de l'objet désormais tombé dans le domaine public. Pour ces motifs, elle doit être claire et surtout loyale, sous peine de nullité aux termes de l'art. 30 par. 6 de la loi du 5 juillet 1844. La description devra être rédigée en français, ou en cas d'emprunt d'une langue étrangère accompagnée d'une traduction suffisamment explicite.

Elle ne devra présenter ni altérations ni surchages, et les mots rayés comme nuls seront comptés et constatés, les pages et les renvois paraphés suivant le procédé ordinaire. Enfin, l'article 6 ajoute qu'elle ne devra contenir aucune dénomination de poids ou de mesures autres que celles qui sont portées dans le tableau annexé à la loi du 4 juillet 1837. Il s'agit du système métrique décimal.

On ne saurait remplacer la description par aucuns autres moyens de divulgations, dessins ou échantillons. Malgré leur clarté et leur suffisance de démonstration de la découverte, ils ne sauraient en remplir l'office. La loi est formelle dans son exigence. Une description si concise fût-elle, devrait-elle se réduire à l'état d'une simple légende, serait indispensable.

La description sera fournie en double exemplaire. L'un d'eux restera entre les mains de l'autorité administrative à la disposition des tiers intéressés ; le duplicata en sera remis entre les mains du requérant. Le breveté, s'il le juge utile, peut ajouter à la description des dessins et échantillons. Leur rôle est de servir de développement et d'explication aux données écrites, mais leur production est facultative : Elle ne saurait d'ailleurs se concevoir pour les procédés. Les dessins doivent être tracés à l'encre suivant une échelle métrique. Cette exigence s'explique par la nécessité d'une conservation facile des documents essentiels à la compréhension du brevet. Peu importe le procédé employé. A la Chambre des députés, lors de la discussion de la loi, il y fut proposé d'exiger un tracé à la main, mais une telle restriction parut avec raison arbitraire et fut rejetée. Le but de la loi est uniquement d'exiger des dessins indélébiles, et ce serait méconnaître son esprit, que de se renfermer aveuglément dans la portée étroite du mot employé. Ce mot présente plutôt un caractère explicatif. Ainsi

donc, à notre époque, nous pourrons nous servir de
la gravure, de la lithographie et même de la photographie, car celle-ci, grâce à ses merveilleux développements, peut remplacer très avantageusement le
tracé à l'encre.

Les échantillons consistent dans un spécimen du produit breveté. Ils sont joints aux dessins dont ils forment parfois le complément avantageux. Cependant,
en pratique, il est rare que les inventeurs profitent de
cette faculté, se contentant de la description ou des
dessins.

L'administration paraît s'acquitter assez négligem-
ment de la surveillance qui lui incombe, et, on peut
lui reprocher plusieurs cas de disparition et de perte
d'échantillons. Les tribunaux, par une sévérité inexplicable, en ont fait porter la responsabilité sur le breveté,
alors qu'en bonne justice, la seule faute doit être impu-
tée à l'administration. Pour la description et les dessins,
la loi exige deux exemplaires, dont l'un laissé entre les
mains du requérant lui sert detitre, montrant par cette
mesure qu'elle ne veut en rien rendre l'intéressé solidaire des négligences administratives. Evidemment pour
les échantillons il doit en être de même ; et si notre
texte n'a pas suivi dans ce dernier cas, une règle identique, relativement au nombre des échantillons, c'est
que le législateur a cru que l'intéressé, fabriquant jour-
nellement le produit breveté, il était inutile de lui remettre une chose dont il est lui-même le dispensateur. La

loi, confiante en la vigilance de l'administration n'a nullement songé à l'hypothèse d'une disparition possible, mais le but visé par elle, n'en reste pas moins certain, celui de distraire la responsabilité de l'individu de la faute administrative.

Un bordereau devra clore la série des diverses productions indispensables ou facultatives ; il mentionnera les différents écrits, dessins ou échantillons, fournis à l'appui de la demande. Il joue ici le rôle d'une table des matières, destinée à faciliter les recherches, et à rendre les disparitions moins fréquentes, simple énonciation, précise et laconique, sans développements nécessaires.

Chacune des pièces ci-dessus indiquées seront signées par le demandeur ou par un mandataire dont le pouvoir restera annexé à la demande. Certains auteurs ont prétendu que dans le cas où le demandeur, ne peut ou ne sait signer, l'affirmation d'un certain nombre de témoins serait suffisante. Il nous semble, que ce serait formellement aller à l'encontre des termes précis de l'article 6, qui n'envisage que la double hypothèse de la signature de l'intéressé lui-même, où d'un mandataire spécialement désigné à cet effet. C'est d'ailleurs un principe fondamental de notre législation, d'exiger pour la validité d'un écrit la signature des personnes qui y concourent, à moins de recourir à une procédure solennelle devant un officier ministériel ou un magistrat, suivant le domaine de leur compétence ; et alors seulement dans la plupart des cas, l'interven-

tion de témoins sera exigée et suffisante. Le demandeur devra donc signer lui-même, ou s'il ne peut ou ne
sait, transmettre ses droits à un tiers qui agira en son
nom. Mais, pour les mêmes motifs, la procuration sera
évidemment un acte authentique par devant notaire.

Les pièces que nous venons d'énumérer devront être
déposées au secrétariat de la préfecture du domicile
du requérant. Libre à lui cependant de choisir un autre
département, en élisant domicile sur son territoire.
Ce choix détermine le lieu de paiement des annuités à
échoir, ainsi que la compétence des tribunaux pour
les actions en nullité du brevet d'après l'article 35 de
la loi.

La demande, les dessins, la description et le bordereau formeront un seul pli cacheté. Un autre comprendra les divers échantillons qui pourront être fournis ; si même, ces derniers sont trop volumineux, ils
peuvent être, aux termes d'un arrêté ministériel, ren-
fermés dans une boîte en bois scellée.

Au reçu du dépôt, l'administration préfectorale devra
le constater sans frais sur un registre spécial. Cette
mention est d'une importance capitale et détermine le
droit de priorité dont peut dépendre l'existence du
brevet. « Elle constatera, nous dit l'article 7, le jour
et l'heure du dépôt », et il convient d'ajouter la minute
même. L'expérience a montré plusieurs brevets annulés
comme s'appliquant à des inventions ayant perdu leur
caractère de nouveauté antérieurement au dépôt de la

demande, et cela parce que la requête avait été précédée d'une heure à peine, peut-être moins, par une
demande identique.

Le Requérant signe le procès-verbal et une expé-
dition lui en est immédiatement remise, moyennant le
remboursement des frais de timbre.

L'autorité préfectorale n'a aucun moyen de contrôle ;
elle se contente de recevoir le dépôt et d'en dresser
procès-verbal. Aussitôt après l'enregistrement, dans
les cinq jours du dépôt, elle fait parvenir au Ministère
du Commerce, les pièces de la requête, la procuration
en cas de mandat et le récépissé du versement préalable de la première taxe annuelle.

Cette dernière exigence est la seule dont l'autorité
préfectorale soit chargée de vérifier l'application ; en
cas de non production du récépissé, l'autorité préfectorale doit refuser le dépôt dont l'admission est subor-
donnée à cette condition essentielle ; en dehors elle joue
le rôle d'un simple intermédiaire.

Des personnes capables de demander un brevet.
— Toute personne, même incapable d'après les règles
de droit nommun, peut formuler une demande de brevet. Ceci résulte d'une expression absolue, sans aucune
réserve de l'article 5. « Quiconque voudra prendre un
brevet d'invention devra...... ». Ainsi un mineur, une
femme mariée peuvent valablement en solliciter la dé-

livrance en se conformant aux conditions ordinaires.
Nous nous trouvons ici encore en présence d'une conséquence logique du principe fondamental de notre
système français. Sous le régime de non examen, toute
appréciation de fond et de contenu des pièces de procédure sortirait du cadre étroit de la compétence
administrative et il est certain qu'en l'espèce nous
sommes en présence d'une question de fond (question
de capacité). Le Ministre délivrera donc le brevet, sauf
l'application possible des règles de droit commun : Les
représentants légaux de l'incapable pourraient faire
prononcer la nullité d'un brevet ainsi obtenu.

Quant au failli, l'invention, encore pure conception,
avant toute demande de brevet, ne saurait faire partie
du gage de ses créanciers. Elle constitue une propriété
purement personnelle, dont le failli a la disposition
absolue, sans que les tiers, quels que soient leurs titres,
puissent revendiquer la moindre ingérence dans son administration. L'inventeur peut se refuser, même au mépris
de son intérêt propre, à la réclamation des privilèges qui
lui sont dûs ; la faillite aura à en souffrir, mais ne saurait avoir aucun droit à formuler. Il reste seul maître
de sa découverte. Du reste, à supposer que la faillite
ait la faculté de faire breveter l'invention, ce serait, en
règle générale, une satisfaction toute platonique, car,
pour revendiquer le brevet, il faudrait avoir connaissance de l'invention, et, dans cette hypothèse, il est à
craindre qu'elle ait perdu son caractère de nouveauté.

Si le failli avait déjà pris brevet, ce dernier ferait évidemment partie du gage de ses créanciers.

Nous avons étudié la question au point de vue de la faillite, nous occupant spécialement de l'hypothèse la plus importante. Mais évidemment dans les cas analogues, elle devrait recevoir une solution identique. Nous voulons parler de la déconfiture. Toutefois, en pratique, il sera bien rare de voir un possesseur de brevet non commerçant ; car alors nous serions en face d'un inventeur, conservant en main son titre et transmettant l'exploitation totale du privilège à des tiers par des contrats de licence. Le cas est assez invraisemblable.

Dans les successions, l'invention est transmise aux héritiers avec le même caractère qu'elle avait à la mort du *de cujus*. Si elle n'est pas encore brevetée, l'héritier aura la faculté d'en disposer à son gré, à moins qu'elle ait perdu son caractère de nouveauté; si au contraire le *de cujus* avait fait valoir de son vivant ses droits au privilège, l'héritier jouirait du brevet antérieurement délivré.

L'héritier pourra prendre brevet, avons-nous dit, quand le *de cujus* aura négligé de le faire. Au nom de qui pourra-t-il le prendre ? Bien souvent il aurait intérêt à le prendre au nom du défunt inventeur connu, ou commerçant estimable dont la renommée serait d'un grand poids dans la réussite de l'entreprise. Ce serait, cependant, méconnaître les

termes et l'esprit de notre législation. « Quiconque,
dit l'article 5, loi 1844, voudra prendre un brevet
d'invention; devra déposer sa demande » ce qui implique vraisemblablement que la demande doit être au
nom de celui qui prend le brevet, qu'il doit y avoir
conformité de nom entre le breveté et le bénéficiaire
réel.

D'ailleurs notre législation protège moins l'inventeur
que l'invention elle-même. Peu importe les droits du
requérant, elle ne s'inquiète nullement de connaître si
le droit de priorité est justement revendiqué, ou si l'invention n'a pas été surprise par fraude. Elle accepte
les premières revendications et formule valablement
un arrêté de délivrance de brevet ; le demandeur s'est
présenté le premier et cela lui suffit.

Même devant les tribunaux judiciaires, juges du
fond, il ne nous semble pas que le véritable inventeur
puisse en revendiquer la légitime propriété. La loi du
5 juillet 1884 est une loi d'ensemble réglementant la
question dans tous ses détails. Elle s'occupe des actions en nullité dont elle limite strictement les divers
cas, sans parler de celui qui nous concerne ; elle détermine aussi les cas de déchéance, mais de revendication elle ne dit mot.

Et d'ailleurs, n'est-ce pas la logique conséquence de
ses principes? L'art. 7, paragraphe 2, ordonne de no-
ter dans le procès-verbal dressé par la Préfecture lors
du départ de la demande, l'instant précis où cette de-

mande a été déposée, ce qui montre bien que le législateur a entendu donner le privilège à la première demande, et non pas au premier inventeur. De telles recherches lui ont paru trop délicates et il s'en est tenu à cette présomption que la première demande sera vraisemblablement déposée par l'inventeur lui-même.

Cependant la jurisprudence admet la solution contraire. Elle admet le principe posé par l'art. 7, mais elle en restreint la portée. D'après elle, cet article ne saurait s'appliquer au cas de fraude, de surprise malhonnête, car, dit-elle, s'il est un principe reconnu par nos codes, c'est évidemment de ne point légitimer une usurpation déloyale; d'où elle conclue au droit de revendication de la part de l'inventeur. Ainsi un arrêt de la Cour de cassation du 24 juin 1886, décide « que l'auteur d'une invention qui n'est pas encore brevetée, peut revendiquer le brevet pris pour cette invention par une personne qui a dérobé frauduleusement son secret, et que la preuve peut être faite par tous moyens », et même par présomptions (Rouen, 28 janvier 1847). En doctrine soutiennent la même thèse M. Pouillet, (n° 620), Blanc (*Propriété industrielle*, n° 124). Ce dernier s'exprime ainsi : « La loi n'a ni pu ni voulu donner un bill d'impunité à la mauvaise foi et au vol ».

Quoiqu'il en soit, nous refusons de nous ranger à cet avis. La loi est formelle dans son principe ; alors qu'elle s'occupe minutieusement de toutes les faces de

la question, elle reste muette au sujet de la revendication. N'est-ce pas tout dire? Et d'autant plus que l'inventeur aura la ressource de poursuivre l'usurpateur
pour vol et abus de confiance si ces délits existent.
Il pourra comme dédommagement, faire saisir le brevet et adjuger au plus haut prix, après avoir exigé des
dommages-intérêts, aux termes de l'article 1382 Code
civil, pour le dommage causé par l'usurpation frandu-
leuse, mais suivre la Jurisprudence, dans ses déductions si soutenables soient-elles dans le domaine de la
morale et de la Justice idéale, nous paraît heurter de
front les termes et l'esprit de nos lois.

Enfin toute société ou association, pourvue de la
personnalité civile peut formuler valablement une
demande de brevet, au même titre qu'un individu.
Comme lui, elle jouit de la même capacité de posséder
et d'agir en son nom, ayant une existence juridique
propre, en dehors des éléments qui la composent. La
question est d'ailleurs unanimement admise pour les personnes morales du droit privé ou du droit administratif. Seul l'Etat fait exception, au dire de certains
auteurs, mais leurs arguments semblent être puisés
plutôt dans la science économique qu'aux sources réel-
les du droit. Ils se récrient à l'idée de voir l'Etat industriel, et pourvu d'un monopole restrictif ; ont-ils tort,
ont-ils raison, nous n'avons pas à discuter un sujet
étranger à notre thèse ; leur conviction est honorable,
mais malheureusement les éblouit, et les engage sur

un terrain qui n'est pas le leur. C'est un procédé analogue à celui examiné précédemment à propos de la revendication du brevet : du domaine de la morale, nous avons passé à l'économie politique, c'est la seule différence.

Sans doute il se trouve dans nos codes certaines particularités relatives à l'Etat; spécialement il ne peut agir, que sous le couvert d'un de ses agents, d'un de ses fonctionnaires, mais il n'en conserve pas moins ce caractère privilégié de personne morale et cela nous suffit. La loi ne comporte aucune réserve, elle s'étend à toutes personnes civiles quelles qu'elles soient; l'Etat présentant ce caractère la délivrance de brevet sera valable, sauf évidemment l'application des questions de procédure.

De la délivrance des brevets. — Le Préfet, avons-nous dit, une fois en possession de la demande devra en faire parvenir les différents plis cachetés au ministre du Commerce. Il y joindra une copie du procès-verbal du dépôt, le récépissé du paiement de la taxe préalable, et la procuration s'il y a lieu.

Le ministre n'a aucun pouvoir d'examen de la validité intrinsèque de la demande, ni de son utilité économique. Nous pratiquons en effet, en France, le système du non-examen, dont notre législation a été et reste en quelque sorte le type. Le rôle du ministre du Commerce est *purement extérieur*, et son appréciation porte uni-

quement sur l'accomplissement des formalités externes
de la requête. Les prescriptions légales touchant à la
procédure de la demande, sont-elles réalisées, il devra
octroyer la délivrance du brevet sans même entrer dans
l'analyse des pièces fournies, car une étude plus approfondie serait une immixtion illégale dans le domaine des
Tribunaux judiciaires. A ces tribunaux seuls incombera
la tâche d'apprécier les conditions de fond de l'invention et de voir si les pièces fournies donnent une idée
suffisamment précise de l'objet.

Ainsi le ministre se contentera d'examiner si la
demande et la description lui ont été réellement présentées, si la demande est accompagnée d'un titre, et si la
demande ainsi que la description satisfont aux conditions énumérées dans les art. 5 et 6. Il examinera en
outre si le bordereau a été produit et la signature régulièrement apposée. Quant aux dessins et échantillons,
ils ne constituent pas une production nécessaire mais il
y aurait une évidente illégalité, au cas où la demande
parlerait de dessins ou échantillons non produits.

Si la requête s'étendait à plusieurs objets principaux, il devra en refuser l'acceptation de plano, car
elle présente un vice manifeste dont la compréhension facile ne nécessite pour ainsi dire aucun examen.
Nous avons vu, dans quel but d'intérêt fiscal, et de
facilité de classification était exigée une pareille mesure.
Cette seconde considération, d'une utilité incontestable
aux tiers, nous fait regretter, que l'accès des tribu-

naux pour cause de complexité, ne se soit pas ouvert à leurs poursuites.

L'erreur est facile pour une administration appréciant sur les seuls documents de la partie demanderesse, sans contradiction possible, et en retour combien graves peuvent être les conséquences d'une décision prise à la légère ? Les concurrents n'ont, par suite, aucun moyen de contrôle des brevets délivrés : dans leur ignorance ils peuvent fabriquer un produit, utiliser un moyen qu'ils croient de bonne foi nouveau ou appartenir au domaine public, et en fin de compte l'ignorance d'une administration trop souvent négligente se traduit pour eux en un délit de contrefaçon.

Il aurait donc convenu de laisser cette compétence aux seuls tribunaux; l'activité des uns aurait servi de garantie aux autres et la vigilance des intéressés aurait certainement été plus efficace. Par contre, dans notre législation actuelle, nous devons leur refuser toute autorité ; cela résulte tant de l'énumération restrictive des cas de nullité de l'article 30, que de l'article 12 qui en donnant à l'administration un pouvoir spécial sur ce point, aboutirait de la sorte à une opposition des deux pouvoirs.

En outre, le Ministre aura en main, le récépissé du paiement de la taxe, que le Prefet lui-même a dû exiger, sous peine de refus du dépit. En son absence il devrait *a fortiori* repousser la demande. Cependant qu'adviendrait-il si le ministre délivrait le brevet sans que ce paiement préalable ait été affectué ? Sans aucun doute l'arrêté ministériel, sauf la possibilité de recours dans les délais devant le Conseil d'Etat, serait définitif ; car en l'occurrence comme précédemment nous sommes en présence des mêmes arguments d'impossibilité de poursuites devant les tribunaux judiciaires, et passés les délais, le Conseil d'Etat lui-même, ne saurait déclarer l'action recevable.

Le Trésor aura toutefois, la faculté de percevoir la taxe éventuellement ; si le paiement est déclaré préalable c'est une mesure de faveur, uniquement à l'avantage de ce dernier, et nous ne pouvons logiquement soutenir que la renonciation au privilège, implique renonciation au droit, d'autant plus que l'autorité négligente ne présente pas la moindre compétence pour un tel acte.

Il en serait différemment ce semble, au cas de complexité de la demande ; l'administration souveraine en la matière, lui a dénié ce caractère par le fait même de l'admission ; implicitement elle a reconnu que la demande ne portait que sur un seul et même objet principal. Le fisc, quoi qu'il en soit, doit en admettre les décisions entières, son rôle est d'appliquer mais nullement de rendre un semblable arrêt.

La durée est laissée au choix de l'impétrant ; si la demande ne portait aucune indication spéciale à cet égard, ce serait encore un motif de refus de la délivrance du brevet.

Parfois la négligence de l'administration a déterminé dans l'arrêté de délivrance une durée différente de celle de la demande. Dans ce cas, la seule durée à considérer est celle qui a été formulée dans la requête. Par cela même que le requérant a le libre choix de la durée, on ne saurait permettre, par un moyen quelconque, à l'administration, de s'en arroger le privilège. Et la différence fût-elle le résultat d'une simple erreur, nous ne saurions, en bonne justice, faire supporter à un individu une faute uniquement imputable à l'autorité ministérielle. Telle est l'opinion de M. Pouillet (n° 177). Commentant un arrêt de la cour de Paris, en date du 3 décembre 1863, qui avait reconnu comme seule valable la durée contenue dans l'arrêté ministériel, il ajoute : « Nous ne saurions accepter cette doctrine. Elle est évidemment contraire à la loi. Le brevet est une sorte de contrat passé entre l'inventeur et la société, et c'est la demande écrite, seulement la demande, qui en détermine les bases. Le procès-verbal ne peut en aucune façon modifier la demande. » M. Bozérian s'est aussi rangé à cet avis (*Propriété industrielle*, n° 383).

On peut se demander si l'inventeur, ayant obtenu brevet pour une durée quelconque, peut restreindre à son gré dans la suite la durée qu'il a lui-même déterminée. La question n'a d'importance qu'au cas de cession, car si le breveté n'avait en but que de se libérer définitivement des diverses exigences de la loi, il n'aurait qu'à négliger le paiement des taxes annuelles, et l'invention tomberait dans le domaine public. Les deux solutions contraires ont été soutenues : M. Nouguier refuse le droit de changement au breveté, car, dit-il, le contrat qui se forme entre l'inventeur et la société est définitif et irrévocable (Nouguier, n° 260). Au contraire Renouard (n° 190) et Bédarride, n° 203, se fondant sur l'intérêt public, admettent ce droit. Nous nous rangeons à cette dernière doctrine : bien qu'il y ait contrat, la société n'a nullement intérêt à s'opposer à une telle diminution. Le breveté pourra restreindre la durée dans les limites de l'article 4. Bédarride admet que l'on pourrait réduire à n'importe quel terme, mais ce serait aller formellement à l'encontre de l'article 4 et le rendre illusoire, car rien ne serait plus facile de faire breveter une invention pour cinq ans par exemple et de réduire la durée dans la suite.

Une question importante à propos de la compétence de l'administration se pose pour les objets non-brevetables. Le ministre n'aura pas à examiner si l'objet de la demande rentre dans cette classification prohibitive, car ce serait une atteinte au principe du non-examen. Mais, si le requérant avait donné à son invention le qualificatif d'un objet non-brevetable (produits pharmaceutiques, etc.) certainement la demande devrait être rejetée d'office, car alors le ministre n'a à se livrer à aucun travail d'appréciation puisque c'est l'intéressé

lui-même qui lui fournit de son propre gré, les données suffisantes. Il avoue lui-même, conscient ou non,
la violation certaine de la loi; le ministre a pour devoir
de ne point sanctionner une si évidente illégalité. Cette
distinction, que le simple bon sens suffirait à procla-
mer, fut reconnue, à l'époque de la discussion de la
loi de 1844, à la Chambre des députés. Les orateurs
du Gouvernement s'appliquèrent à en montrer les effets.

Le Ministre doit procéder à l'examen de ces différentes questions de régularité dans l'ordre de réception des demandes.

Trois hypothèses peuvent alors se présenter ; ou le
ministre rejette la demande pour irrégularité ; auquel
cas le requérant peut appeler devant le Conseil d'Etat
dans les trois mois de la notification qui lui a été
faite. Il peut encore, admettant comme valable l'arrêté
ministériel formuler une seconde requête et dans cette
dernière hypothèse, si cette seconde requête est déposée dans le délai de trois mois, la loi semble même lui
accorder un privilège de priorité. C'est ce qui nous
semble résulter de l'article 12. Cet article stipule que
la moitié de la taxe préalable d'une demande rejetée
restera acquise au trésor, mais qu'il en sera tenu
compte, si l'intéressé renouvelle sa demande dans les
délais indiqués. Est-il sérieusement admissible que
cette stipulation d'un délai ait pour seul but la restitution d'une somme de 50 francs; n'est-elle pas plutôt la
conséquence du désir du législateur d'assurer à l'in-

venteur actif une conservation temporaire de son droit.
Puisque la priorité est un élément essentiel de la validité du brevet, n'est-il pas équitable de préférer une
demande déjà ancienne, viciée peut-être par une irrégularité toujours excusable, mais dont le caractère de
priorité a été facilement constaté lors du dépôt à la
Préfecture. Et logiquement, nous pouvons prétendre
qu'il y a non pas une demande nouvelle, indépendante
de la première, mais bien au contraire une rectification, un complément de celle-ci. Les deux requêtes ne
forment qu'un seul et même tout, et les effets de la demande reproduite remonte au jour du dépôt de la
demande principale.

Ainsi ont conclu M. Pouillet (n° 141) et M. Blanc
437. Nauguier 42 et 180. D'ailleurs, dans les travaux
préparatoires de la loi du 5 juillet 1844, nous trouvons
à ce sujet une réponse catégorique faite par le ministre
à M. Gay Lussac. Interrogé sur l'effet de cette demande
reproduite, le ministre répondit : « D'ailleurs aban-
donne-t-on l'inventeur ? Non, car dans le délai de trois
mois, s'il renouvelle correctement sa demande, son
droit est conservé ». Il est vrai que Renouard (n° 153)
est de l'avis opposé, mais il ne fournit aucuns arguments à l'appui de sa thèse.

Si le ministre délivre le brevet, l'inventeur aura
l'exploitation exclusive de l'invention, à moins que les
tiers intéressés ne fassent prononcer la nullité du brevet par les Tribunaux compétents.

Mais qu'arriverait-il si le ministre acceptait une demande irrégulière? Nous n'hésiterions pas en ce cas à accorder aux tiers le droit d'attaquer l'arrêté ministériel devant le Conseil d'Etat pour excès de Pouvoir. S'il en était autrement, il serait trop facile pour l'administration d'user d'un pouvoir discrétionnaire que la loi du 5 juillet 1844 a toujours eu à cœur d'éviter. Et en outre, ce recours est possible aux termes du droit commun. « Toute violation de la loi de la part d'un fonctionnaire de l'ordre administratif, nous dit M. *Bozérian*, est un excès de pouvoir. A cet égard, quelle sera la sanction? Il en faut une. J'estime que toute personne qui y a intérêt peut recourir auprès de l'autorité compétente pour obtenir l'annulation de l'arrêté ministériel » (Bozerian. *Propriété industrielle*, 387.) Idem Pouillet (*Traité sur les brevets d'invention et la contrefaçon*). Renouard est pour la solution contraire, mais il ne paraît pas avoir envisagé cette voie de recours.

De la publicité des brevets.

La publicité est *assurée* par la publication des brevets délivrés et des descriptions et dessins.

En outre, les brevets sont à la disposition du public, gratuitement, soit au Ministère du Commerce, soit au conservatoire des Arts et métiers (art. 23) suivant qu'ils ne sont pas ou sont expirés (les brevets non expirés

sont centralisés au Ministère du Commerce ; les brevets expirés sont déposés au Conservatoire des Arts et
métiers (art. 26-23).

Comme publicité, l'article 14 ordonne l'insertion au
Bulletin des lois, tous les trois mois, des brevets délivrés, et l'article 24 stipule qu'après le paiement de la
deuxième annuité, les descriptions et dessins seront
publiés soit textuellement, soit par extrait (art. 24,
§ 1). Enfin le paragraphe 2 du même article, enjoint
de publier chaque année un catalogue des titres des
brevets délivrés.

Un arrêté ministériel du 30 décembre 1899, régle-
mente la publication des descriptions et dessins ordon-
née aux termes de l'article 24, § 1 de la loi du 5 juillet
1844. Cet arrêté adopte le régime Anglais de publication des descriptions par fascicule distinct pour chaque
brevet, et de mise en vente à des prix modiques. L'article 1 de cet article décide en effet, que : « Les descriptions et dessins des brevets d'invention dont la
publication aura été jugée utile pour application de l'article 24 de la loi du 5 juillet 1844, seront imprimés *in
extenso*, par fascicule séparé pour chaque brevet. »
L'article 2 indique les prix de vente : « Les fascicules
isolés seront vendus à raison de 10 centimes par feuille
d'impression complète ou commencée et de 10 centimes par planche de dessin, sans que le prix du fascicule puisse être inférieur à 0 fr. 50 centimes. » Ce

même article consent à des réductions pour achat important.

Ajoutons que le public a la faculté de consulter sans frais au Ministère du Commerce ou au secrétariat de la préfecture de chaque département, les descriptions, et dessins et catalogues publiés en conformité de l'article24.

DES CERTIFICATS D'ADDITION ET DES BREVETS DE PERFECTIONNEMENT

Perfectionnement de la part du breveté. — D'après l'art. 16 le breveté ou ses ayants droit, jouissent de la faculté d'apporter des modifications à l'objet de leur brevet, pendant la durée de celui-ci.

Le législateur n'a pas voulu obliger l'inventeur déjà imposé d'une taxe annuelle à satisfaire une seconde fois à ces mêmes redevances, pour une découverte qui constitue le complément ou l'accessoire de l'invention principale. C'eut été à la fois injuste, puisque, à vrai dire, les deux inventions n'en forment qu'une seule, et essentiellement anti-économique, car combien d'inventeurs auraient hésité devant la prise d'un brevet nouveau pour un changement en somme utile, mais peut-être sans influence appréciable sur la valeur du produit. Ils garderaient secrète l'invention et le public serait seul à en souffrir. La loi permet donc à l'inventeur moyennant une contribution fixe de 20 fr. de prendre un certificat d'addition. Il peut le prendre pour toutes modifications, qu'elles tendent au perfectionnement de l'invention brevetée, ou y ajoutent quel-

ques éléments nouveaux, ou encore opèrent un retran-
chement quelconque ; il suffit que l'inventeur apporte
à l'objet principal un caractère de nouveauté, si minime
soit-il, sans aucune considération de nature. Mais évidemment la découverte doit se rapporter à l'objet
breveté et il ne faudrait pas, que sous le couvert de
perfectionnement, l'inventeur obtienne un privilège
pour une invention de tout autre nature.

Cette affinité, cette liaison est la condition *sine qua
non* de la validité de l'extension obtenue. En outre le
certificat d'addition doit être acquis pendant la durée
du brevet. La condition est d'une rigoureuse logique,
car, à l'expiration de sa durée, le brevet ne conserve
aucune existence juridique et l'on ne peut accroître une
chose désormais inexistante. L'inventeur devra en ce
cas demander un brevet distinct.

Le certificat d'addition est délivré dans les mêmes
formes que le brevet principal. La seule différence
consiste dans le taux des redevances. Pour le certificat
d'addition, le requérant n'aura à verser qu'une somme
de 20 fr. payables par avance.

Il convient de se faire une idée précise de la nature
du certificat d'addition. Le certificat et le brevet principal ne font qu'un ; l'un s'est en quelque sorte incorporé
à l'autre à tel point d'en suivre toutes les vicissitudes,
d'en supporter toutes les conséquences. Le certificat
forme une partie intégrante, un des éléments constitutifs du brevet perfectionné, agrégat du brevet propre-

ment dit et de l'invention réformatrice. D'où il découle
que le certificat n'a point de date distincte ; il prendra
fin à l'expiration du brevet ; il s'éteindra aussi au cas
où la nullité du brevet serait prononcée. Il en constitue en effet la dépendance, l'accessoire, et ce caractère
ne se conçoit plus, au cas de disparition de l'objet
principal.

S'il y a vente ou licence, elles s'appliqueront également à l'un et l'autre et même si le perfectionnement leur est postérieur, le concessionnaire ou le
licencié pourront valablement en revendiquer la jouissance, puisque, par le fait de l'obtention du certificat,
l'invention nouvelle s'accouple nécessairement à la
chose transmise. Ce dernier effet est indiqué par la loi
elle même, dans son article 16, dernier paragraphe.

Toutefois, il ne faudrait pas porter à l'extrême cette
assimilation. En droit, l'accessoire est lié au principal
et en subit tous les effets, mais il peut par contre avoir
ses vices propres, et ces derniers n'ont aucune influence sur l'objet principal ; c'est une distinction judicieuse
et logique, une pure application de nos principes de
droit commun. En résumé l'incorporation existe du certificat au brevet, mais non, malgré l'apparence de
contradiction des termes, du brevet au certificat. Ce
dernier seul aliène son indépendance, tandis que le brevet peut s'accroître, s'étendre, mais en conservant son
cachet de personnalité.

La loi de 1844, n'a pas renfermé l'inventeur désireux

de perfectionner son œuvre, dans le cadre étroit du
certificat d'addition. Il a naturellement la faculté de
recourir pour ce perfectionnement aux règles du droit
commun, et le considérant comme une invention proprement dite, il s'en fera délivrer brevet. Souvent même
l'avantage d'un tel procédé sur le certificat d'addition
est indiscutablement manifeste. Ce brevet, nous le
verrons, jouit d'une existence distincte, sans rattache-
ment, sans lien avec le premier. Peut-être ce perfectionnement sera d'une telle nature, que l'objet du premier brevet deviendra d'une exploitation commerciale
difficile, impossible même, sans ce perfectionnement.
Alors l'intérêt de l'inventeur, certain d'une consommation rémunératrice, sera de prolonger, le plus possible,
le monopole de ce dernier, qui doit lui assurer la
possession du marché, et ce ne sera point, il faut le
croire, le paiement annuel d'une centaine de francs de
contribution, somme bien négligeable, dans notre hypothèse de rapport fructueux. qui pourrait être un motif
suffisant à l'en dissuader. D'autant plus que ce brevet,
possédant une indépendance entière, n'aura à souffrir
d'aucun des vices constitutifs, ou des cas de déchéance
de brevet principal. Ajoutons encore qu'il y a au sujet
du certificat d'addition, un champ ouvert aux réclamations tracassières des commerçants lésés, dans la
difficulté de préciser d'une façon certaine si l'objet est
réellement l'accessoire du brevet. En prenant un brevet distinct nous aurons à exiger seulement de l'in-

vention, les conditions ordinaires de validité, et elles
suffisent déjà largement à donner aux droits de l'intéressé un caractère d'incertitude fâcheux.

Par suite de l'indépendance vis-à-vis l'un de l'autre
du brevet principal et du brevet de perfectionnement,
le breveté pourra céder séparément chacun de ses brevets ; de même pour les contrats de licence.

L'hypothèse de la délivrance d'un brevet de perfectionnement, postérieure à la cession du premier brevet, a donné lieu à controverse. Car par ce moyen, le
breveté peut réduire à néant l'invention transmise. Le
succès va se concentrer sur le produit perfectionné
ou obtenu à meilleur compte, au préjudice du cessionnaire qui a dû payer à son vendeur un prix considérable pour une chose désormais inutile ; et précisément
il est dépouillé par celui qui semble devoir lui en assurer une exploitation avantageuse. Quel sera, en pareil
cas le droit du cessionnaire évincé ? Aux termes de l'article 1626 du C. C. le vendeur doit garantir l'acheteur
des évictions qui pourraient se produire. Cet article,
malgré l'apparence, ne saurait s'appliquer en l'espèce.
La garantie s'applique à l'objet transmis, au brevet
dans notre cas, et le brevet, le droit d'exploitation privilégiée, n'a pas été usurpé des mains de l'acquéreur ;
le vendeur a seulement déterminé certaines circonstances économiques qui en rendent l'exploitation difficile, hypothèse entièrement étrangère à la portée de
cet article. La liberté économique, lui en consacre en-

core le droit, et je dirai même que la législation sur
les brevets lui en fait un devoir, non pas évidemment
de léser de parti pris son acquéreur, mais de donner
à l'Industrie nationale un perfectionnement nouveau, ce
qui revient au même résultat. L'action en rescision
pour vices cachés ne saurait non plus être admise,
pour la même raison, le brevet restant intact, tel que
les parties l'avaient supposé.

Certainement, si le contrat de cession renfermait à
ce sujet une stipulation expresse, la question ne saurait
faire aucun doute, puisque les conventions entre parties
ont force de loi. Mais, en dehors de stipulation spéciale, nous ne pouvons admettre une telle intention de
la part des contractants ; l'article 1341 (2° alinéa) C. Civ.
est formel et défend, quand il y a écrit, de prouver
contre et outre le contenu de l'acte.

Certains auteurs font une distinction entre le vendeur
de bonne foi et celui qui ne l'est point. S'il y a mauvaise foi, ils admettent l'annulation de la cession. Ils
se fondent avec raison sur ce que, dans cette hypothèse,
il y a eu dol de la part du vendeur. Sachant qu'il allait
demander brevet pour un perfectionnement il com-
mettait une tromperie, il usait de moyens fallacieux, il se
rendait coupable d'une indélicatesse voulue, et assurément, sans cette réticence déshonnête, l'acquéreur n'eût
pas contracté. Nous pensons donc que l'article 1116
permettant d'exiger la nullité en cas de dol doit s'appliquer ici. M. Bédarride s'exprime ainsi : « Il est évident

que le cédant ne peut pas par son fait annuler la cession
en faisant perdre tout son prix à ce qui en fait l'objet...
Je crois donc que le cédant doit s'entendre avec des
cessionnaires. A défaut, l'exploitation qu'il ferait de
l'invention première et du perfectionnement serait illégale et motiverait la résiliation ». (Bédarride, n° 221),
idem Pouillet, n° 161. Du reste, cette question ne peut
naître qu'au cas de cession partielle. Dans ce cas, le
cédant s'étant réservé le droit de faire valoir son invention, reste titulaire du brevet et peut obtenir un brevet
de perfectionnement actuellement exploitable. Au cas
de cession totale, il devient un tiers vis-à-vis du brevet
principal, et le brevet de perfectionnement ne serait
exploitable qu'à son expiration. Par suite, le cessionnaire n'aurait aucun intérêt à demander aux Tribunaux
la nullité de la cession.

Ainsi donc, au cas de cession partielle seulement, si
le cédant obtenait un brevet de perfectionnement
capable de nuire à l'exploitation du brevet principal,
le cessionnaire serait en droit d'obtenir la nullité de la
cession et des dommages-intérêts. Malheureusement
ce recours sera souvent illusoire. Il faudra que le
cessionnaire prouve le dol de son co-contractant,
et ce sera une besogne profondément ingrate. Il devra se demander si le cédant était en possession du
perfectionnement antérieurement à la cession ; c'est un
rôle de divination qui ne saurait donner des résultats
concluants, à moins toutefois qu'il puisse résulter de

certains faits positifs, de divulgations antérieures, la présomption ou plutôt la certitude d'un tel état d'esprit. C'est assez dire combien il serait prudent et avantageux pour un acquéreur de brevets, de prendre dans l'acte de cession, les précautions indispensables à une exploitation loyale, en stipulant, par une clause spéciale, la possibilité d'une rescision de la vente et de compensation pécuniaire, au cas où le vendeur lui-même viendrait à en paralyser les effets. Ainsi, il n'aurait plus à sa charge le fardeau d'une preuve trop souvent impossible, et son recours, désormais plus étendu, engloberait à la fois les hypothèses d'exploitation préjudiciable, qu'elle soit ou non de mauvaise foi.

Perfectionnement émanant d'un tiers. — La question qui se présente, a un caractère intéressant par l'opposition d'intérêts publics ou privés qu'elle met en jeu. Le brevet principal, en l'hypothèse, n'est pas encore parvenu à son terme, et pendant son existence un tiers trouve un perfectionnement à l'objet de ce privilège. Qu'adviendra-t-il de ce perfectionnement ! L'intérêt public voudrait, ce semble, accorder au dernier inventeur, une récompense à ses travaux. Nous retrouvons l'influence des diverses considérations soit morales, soit économiques, par lesquelles nous avons légitimé l'institution du brevet. Comme l'inventeur principal, le second a doté l'industrie nationale, d'une création, aussi utile peut-être que la précédente pour ne pas dire davantage; et à bien considérer nous ne pouvons prétendre que l'une soit la dépendance de l'autre, ou plutôt les deux inventions sont des inventions de perfectionnement, car la première comme la seconde s'est vraisemblement inspiré d'une pratique plus ancienne, dûe aux travaux humains ou à la nature, mais il serait bien rare qu'elle ait fait elle-même le premier pas dans ce domaine. Le perfectionnement est au sens juridique du mot le développement d'une invention actuellement en cours de brevet; son inventeur peut-être aussi méritant, n'a eu que le simple tort de trouver trop hâtivement le secret de sa découverte.

Par contre nous ne pourrons dépouiller le breveté du privilège qui lui a été justement délivré. Car, nous créerions une incertitude fâcheuse, capable de détourner l'inventeur intéressé de ses recherches utiles; nous aurions à peu près les mêmes inconvénients du système de l'absence de protection industrielle. Et surtout par la délivrance du brevet, un contrat formel s'est formé entre le requérant et la Société. Le requérant est en droit de compter sur les promesses faites, sur la protection promise, autant dire que la Société, expressément liée par une obligation temporaire, ne peut et ne saurait se déjuger.

Ces intérêts opposés ont été parfaitement mis en lumière dans la loi du 5 juillet 1844. Le breveté conserve le droit privatif de son monopole jusqu'au terme stipulé dans sa demande : Le perfectionnement des tiers ne saurait en rien réformer son privilège. Mais le nouvel inventeur pourra cependant faire une demande de brevet pour son perfectionnement ; l'administration lui en fera la délivrance. Comme il ne peut nuire aux intérêts du breveté principal, il devra se borner à l'exploitation de son perfectionnement, ou pour mieux dire, attendre le terme de l'ancien brevet, car presque toujours, le perfectionnement ne sera pas utilisable, en dehors de l'objet principal. Son intérêt sera alors de s'entendre amiablement avec son concurrent, car, malgré son inactivité, la durée de son privilège s'écoule sans profit, et cette entente en sera d'autant plus facile que le concurrent lui-même y trouvera également son intérêt, si le perfectionnement donne une réelle plus-value à sa découverte. Ce dernier en effet, par une juste compensation, ne saurait sans titre se prévaloir de l'invention nouvelle.

Cependant la loi de 1844, donne un droit de préférence au breveté pour les demandes de perfectionnement durant une année. Le tiers pourra faire sa demande mais sous pli cacheté, sous peine de nullité et cette dernière restera déposée au Ministère du Commerce jusqu'à l'expiration du délai.

A cette époque, si aucune demande n'a été formulée par le breveté, les cachets en sont brisés et la délivrance faite au terme du droit commun. Ce délai d'un an, court du jour du dépôt du brevet principal. Ceci résulte de l'expression absolue de l'article 18, qui ne parle

que d'une année, sans commentaires, sans stipuler
son point de départ. Logiquement, nous devons lui assigner comme origine, le premier jour de l'existence
du brevet, c'est-à-dire le jour du dépôt de la demande
au secrétariat de la préfecture.

Cette mesure nous paraît bien comprise.

Le breveté a été récompensé, il est vrai, par le privilège dont il jouit, mais souvent cette première demande, aura été hâtée dans l'intérêt de son commerce ;
dès les premiers succès de ses recherches, il aura fait
appel à la protection administrative, bien décidé cependant à donner à son œuvre un perfectionnement nouveau dont il a peut-être l'ébauche. Permettre à un tiers
de revendiquer ce perfectionnement, n'est-ce pas, ce
me semble, souscrire à une sorte d'usurpation fâcheuse :
Car, le breveté est peut-être à la veille de divulguer
un pareil résultat et si, l'intérêt ne lui avait pas en
quelque sorte fait une obligation de hâter sa première
demande, grâce au secret dont il aurait entouré sa découverte, il aurait pu prendre brevet pour le tout. S'il
s'est hâté, c'est qu'il a cru avoir avantage, assurément,
mais la société n'a-t-elle pas elle aussi intérêt à jouir
le plus tôt possible d'une invention avantageuse. Et quant
au tiers, créateur du perfectionnement, qui y parvient
dès les premiers mois de la divulgation de l'objet principal, pouvons-nous ne pas croire, que ce perfectionnement ne lui a pas coûté grande peine ; il a eu la bonne
chance de savoir cueillir un avantage à peine caché
sous la découverte primitive, ce qui implique raisonna-

blement cette présomption de tout à l'heure, la connaissance probable, ou plutôt l'intuition du perfectionnement de son œuvre.

Après un an, la loi accorde aux tiers la délivrance du brevet dont ils ont fait la demande, car, passé ce délai, l'hypothèse change. Si le breveté principal n'a pas réclamé, durant ce temps, le bénéfice du perfectionnement, on ne peut supposer de sa part la connaissance de cette dernière invention. La possède-t-il, il ne saurait légitimement se plaindre de l'arbitraire de nos lois, puisqu'il ne fait que supporter les conséquences d'une indifférence inexcusable; dans le cas contraire, l'invention était difficile, l'inventeur du perfectionnement a fourni un travail dont la Société lui doit compte. Mais jusqu'à l'expiration de ce délai d'un an, la demande doit être soigneusement close, car s'il en était autrement la divulgation serait facile et l'invention perdrait son caractère de nouveauté.

Et quant à la Société, si elle devait, comme nous l'avons vu, donner à l'inventeur le droit de préférence temporaire, afin de l'encourager à divulguer ses inventions au fur et à mesure de leur éclosion, son intérêt était aussi de ne point méconnaître les travaux des tiers de crainte de découragement. Notre loi du 5 juillet 1844, a su très heureusement concilier ces exigences contraires.

DE LA NULLITÉ DES BREVETS

Il nous paraît nécessaire de donner un aperçu des actions en nullité, car elles constituent le complément de l'étude de la délivrance. En effet, sous le régime d'absence d'examen, toutes les facultés d'appréciation de la validité juridique du brevet, se trouvent remises entre les mains du pouvoir judiciaire. L'administration a dû se borner à exercer le rôle d'un bureau d'enregisment.

L'action en nullité tend à l'anéantissement du privilège. C'est la sauvegarde permettant aux intéressés de revendiquer comme devant être la propriété du domaine public, une invention jusqu'ici injustement détenue par un seul. Elle tend à faire reconnaître comme nul un brevet délivré en vue d'une invention qui ne répondait pas, au jour de la demande, aux diverses exigences de la loi, ou dont la demande n'a pas été rédigée suivant les prescriptions relatives à cette procédure.

L'action en nullité en un mot se fonde sur un vice contemporain ou plutôt antérieur à la délivrance.

Le demandeur prétend que le brevet n'a jamais été

valable ; d'où il résulte que l'effet du jugement prononçant la nullité d'un brevet sera rétroactif au jour de la délivrance. Le privilège sera considéré comme non avenu, comme n'ayant jamais existé, au point de vue juridique.

La loi du 5 juillet 1844 s'occupe des actions en nullité dans son chapitre IV. L'art. 30 les énumère. Cette énumération est essentiellement limitative, et le juge ne saurait en aucune façon créer un cas qui n'y soit pas inséré. Ce n'est d'ailleurs qu'une application des principes de droit commun.

D'après l'art. 30 le brevet sera nul : 1° « Si la découverte, invention ou application n'est pas nouvelle ». Ce n'est que la conséquence des principes fondamentaux de l'institution des brevets. La nouveauté en est la condition *sine qua non*, la raison d'être ; si l'intéressé n'a fourni à la Société aucune création, aucune utilité jusqu'ici inconnues, raisonnablement la Société ne lui doit aucune récompense, surtout si cette gratification constitue un préjudice à la collectivité.

2° « Si la découverte, invention ou application n'est pas, aux termes de l'article 3, susceptible d'être brevetée.

La prescription s'applique aux produits pharmaceutiques et aux plans et combinaisons de crédit et de finances. Ici, nous sommes en présence d'une défense formelle de la loi. La nullité est une mesure rigoureusement nécessaire ; on ne saurait permettre l'usurpation illégale d'un droit défendu. Ce serait un simple

encouragement à la mauvaise foi et à l'audace. Nous
avons vu que le Ministre pourrait refuser la délivrance
d'un brevet, si, dans la demande, le requérant donnait
lui-même à son invention le caractère d'objets non brevetables.

3° « Si les brevets portent sur des principes, méthodes,
systèmes, découvertes et conceptions théoriques ou
purement scientifiques dont on n'a pas donné les applications industrielles. » Ce paragraphe nous rappelle le
le but strictement pratique de notre loi de 1844. Elle
a en vue le développement économique de la nation, et
non l'extension du domaine de la science pure.

4° « Si la découverte, l'invention ou application est
reconnu contraire à l'ordre ou à la sûreté publique,
aux bonnes mœurs ou aux lois du pays, sans préjudice
des peines qui pourraient être encourues pour la fabrication ou le débit d'objets prohibés. »

5° « Si le titre sous lequel le brevet a été demandé
indique *frauduleusement* un objet autre que le véritable objet de l'invention ». Ainsi la nullité n'est encourue
qu'au cas où il y aurait intention de la part du requérant d'égarer les recherches des tiers ; il faut qu'il y
ait fraude ; une simple erreur, une inexactitude involon-
taire ne saurait suffire pour attaquer la validité du brevet. La loi punit l'intention malhonnête de l'intéressé.

6° « Si la description jointe à la demande n'est pas
suffisante pour l'exécution de l'invention ou si elle n'in-

dique pas d'une manière complète et loyale les véri-
tables moyens de l'invention. »

Un point certain c'est que la loi exige une description de l'invention, et que cette description doit être
suffisamment explicite et sincère pour donner aux
tiers intéressés une idée précise de l'invention. Sans
ceci, il eût été trop facile au breveté de prolonger son
monopole au-delà de la durée qu'il avait lui-même assi-
gnée, non plus évidemment sous la protection légale
mais de fait, puisque les tiers n'ayant pu avoir connaissance des secrets de son œuvre, ne pourraient se
livrer à une exploitation concurrente.

Ceci dit, il est évident que la description ne doit pas
nécessairement être à la portée de tous. Elle doit être
suffisante pour les gens du métier. Tel était d'ailleurs
l'avis du rapporteur devant la chambre des Pairs du
projet qui aboutit à la loi du 5 juillet 1844 : « Il faut
que la description soit suffisante pour rendre l'exécution possible à un simple ouvrier, ou à un homme
d'art s'il s'agit d'objets qui l'excédent et ne doivent
pas être faits par un manœuvre. »

Le but de la loi est que les tiers puissent fabriquer
l'objet, en consultant uniquement la description ; c'est
pourquoi, notre article oblige l'inventeur à faire connaître les moyens en même temps que l'objet ; car, à
quoi servirait de connaître tel produit nouveau, si nous
ne possédions pas les secrets de sa fabrication ?

Nous avons déjà expliqué que si la description est

indispensable, la nullité n'est obligatoire et possible qu'au cas d'insuffisance de tous les documents explicatifs dans leur ensemble (dessins, échantillons).

7° « Si le brevet a été obtenu contrairement aux dispositions de l'article 18. » Ce paragraphe a trait au brevet de perfectionnement. La demande doit en être présentée sous pli cacheté, si elle est faite dans l'année du dépôt principal. Pour toute autre demande, l'article 9, stipule bien, il est vrai, une pareille mesure; mais son absence ne constitue pas un cas de nullité ; car en l'espèce, la loi vise uniquement l'intérêt particulier du requérant, l'invitant à la prudence, de crainte que son invention facilement divulguée, ne fasse l'objet des reclamations d'autrui. Libre à lui cependant de méconnaître cet avantage. La loi n'a pas à le réprimander d'une faute purement personnelle. Mais, dans l'hypothèse du paragraphe 7, le breveté a lui-même un droit à ce que la demande reste secrète. Durant l'année qui suit le dépôt de la requête il a privilège pour l'obtention du brevet de perfectionnement. La loi n'a pu empêcher ce perfectionnement de tomber dans le domaine public, par sa divulgation extérieure, car l'inventeur est libre de disposer comme bon lui semble du fruit de ses recherches et d'autant plus que souvent une telle invention aussi facilement divulguée présentera peu de mérite à la protection administrative. Mais si ce dernier revendique cette protection, la loi l'oblige à une sorte de concurrence avec le breveté principal : Une

lutte s'engage entre eux et elle doit être loyale de part
et d'autre ; conserver le secret du perfectionnement en
est l'élément indispensable en même temps qu'utile aux
deux parties concurrentes.

Si le brevet de perfectionnement était délivré au tiers
avant l'expiration de ce délai annuel, ce serait encore
un nouveau cas de nullité. On ne saurait reconnaître
un privilège irrégulièrement délivré et le plus souvent
obtenu par fraude ou faveur administrative. La faveur
administrative, ou plutôt son imprévoyance, semble
devoir se présenter rarement : la responsabilité gou-
vernementale nous paraît une sauvegarde suffisamment
protectrice ; mais habituellement, le tiers inventeur a
recours à la fraude pour éviter le contrôle efficace de
l'administration. Il présente son invention comme une
invention nouvelle, et se fait délivrer un brevet principal. L'administration n'a pas à rechercher le bien
fondé de ses prétentions ; notre régime est celui du
non-examen ; le ministère enregistre mais sans contrôle. Grâce à ce subterfuge, la procédure ordinaire
de délivrance doit légalement s'appliquer.

La nullité une fois prononcée, l'invention devient
publique. Elle n'est plus nouvelle et ne saurait par
suite être l'objet d'une seconde demande.

Cependant le breveté principal aura la faculté
d'exiger des dommages-intérêts aux termes de l'art.
1382, C. Civil. Il y a faute, car si nous n'étions pas
obligés de conserver le secret de notre invention, du

moment où nous revendiquons pour elle la protection
légale, nous devons présenter notre demande sous
pli cacheté, sinon, on ne peut être mieux en droit
d'exiger la réparation du préjudice causé.

8° « Seront également nuls et de nul effet, les certificats comprenant des changements, perfectionnements
ou additions qui ne se rattacheraient pas au brevet
principal. »

Les actions en nullité de brevet sont de la compétence des Tribunaux civils. Cet'e compétence semble
à première vue aller à l'encontre des principes de
droit commun, puisque, ordinairement, le breveté exploitera lui-même son invention et fera ainsi acte de
commerce ; mais elle est dûe à une présomption de
partialité probable de la part des juges consulaires.

Ceux-ci, en effet, sont commerçants, et il est à craindre que, s'ils sont lésés par l'exploitation privilégiée
du breveté, ils ne soient portés à méconnaître la validité de son titre. Le législateur a cru prudent de
remettre l'examen de telles questions entre les mains
de magistrats de carrière. D'ailleurs cette compétence
exceptionnelle n'est pas spéciale aux actions en nullité;
elle s'entend de toutes les questions relatives aux brevets.

Sans doute, parfois, les tribunaux correctionnels
seront appelés à se prononcer indirectement sur la
validité d'un brevet. Dans les poursuites en contrefaçon, si l'inculpé prétend qu'il n'y a pas délit en se

fondant sur la nullité du privilège, le Tribunal devra préalablement se prononcer sur l'exception. Mais une telle appréciation n'a d'effet que relativement à la décision du tribunal qui la formule. Le brevet n'est nullement atteint en lui-même. Le monopole subsiste même à l'égard des parties en cause ; et le tiers renvoyé des fins de la plainte, devrait même s'il était poursuivi pour un nouveau cas de contrefaçon, prouver à nouveau le bien fondé de son exception.

La compétence *rationœ personœ*, sera réglée d'après le principe « *actor sequitur forum rei* ». Une seule exception au droit commun se trouve dans l'art. 35 (loi 5 juillet 1844) : Au cas où l'action en nullité est exercée à la fois contre le breveté, et les cessionnaires du brevet, le seul tribunal compétent sera celui du domicile du breveté, alors que le demandeur aurait dû avoir le choix entre les tribunaux des divers domiciles des parties défenderesses.

Ajoutons que ces règles de compétence sont absolues et s'appliquent, quelle que soit la qualité du poursuivant, simple particulier ou ministère public.

L'action en nullité peut être exercée par toute personne y ayant intérêt (art. 34, par. I). La formule est des plus larges. Tout individu lésé par un privilège indûment obtenu, le commerçant concurrent par exemple, est en droit de se présenter utilement devant les Tribunaux.

Le ministère public a lui aussi un rôle important en

cette matière. Il peut, ou agir directement comme partie principale (art. 37, par. 2), ou se présenter comme partie intervenante dans un procès engagé. Et dans ce dernier cas, il peut encore, ou se borner à donner son avis et déposer des conclusions ordinaires, ou bien, aux termes de l'art. 37, par. I, demander au tribunal de prononcer la nullité absolue, *erga omnes*.

Le ministère public peut intervenir dans toute demande en nullité, quel que soit le rôle qu'il entende jouer; au contraire il ne peut se porter partie principale que dans trois hypothèses énoncées dans l'art. 37 par. 2 : au cas où le brevet a été pris pour des produits pharmaceutiques ou plans et combinaisons de finances, si l'invention est contraire à l'ordre public, aux bonnes mœurs et aux lois, et si le titre indique frauduleusement un objet autre que le véritable objet de l'invention.

Quel sera l'effet du jugement prononçant la nullité d'un brevet ? D'après les règles de droit commun, le jugement n'aura d'effet qu'à l'égard des parties en cause. L'effet sera relatif, et le titulaire du brevet sera admis à poursuivre en contrefaçon, tout imitateur qui n'aurait pas été représenté au procès. Mais il en est autrement, au cas où le Ministère public est partie principale, et lorsque, comme partie intervenante, il requiert la nullité absolue du brevet. Alors, le jugement prononçant la nullité peut être opposé par tout intéressé ou privilégié.

Toutefois, il résulte de l'article 38, qu'un jugement prononçant une nullité absolue, ne saurait être régulièrement rendu, si tous les ayants-droit au brevet n'avaient pas été mis en cause. Le jugement doit leur être opposable ; il est naturel qu'ils soient appelés à défendre leur cause.

Une fois la nullité absolue prononcée et définitive, cette décision devra être portée à la connaissance du public, désormais libre d'exploiter l'objet breveté, et comme le brevet est considéré comme non-avenu, il faudra en opérer la radiation sur les registres du Ministère. C'est ce que nous dit l'art. 39. « Lorsque le jugement ou arrêt aura acquis force de chose jugée, il en sera donné avis au Ministère du Commerce et la nullité sera publiée dans la forme de la proclamation des brevets ».

Il peut arriver que le ministère public, ayant conclu à la nullité absolue d'un brevet, perde son procès. Ce jugement aura-t-il aussi une portée générale ? Cette réciprocité serait à la fois logique et équitable. Cependant la loi du 5 juillet 1844 parle uniquement des jugements prononçant la nullité (art. 37, p. 1), et non des jugements relatifs à cette nullité. De plus nous sommes en face d'une exception aux principes généraux du droit. Il est de règle que les exceptions ne peuvent être étendues sans un texte spécial. Nous en sommes donc réduits à refuser aux jugements déboutant le ministère public d'une demande en nullité absolue, cette extension que

la logique nous conviait à admettre. D'où cette conséquence que le breveté n'est nullement hors d'atteinte et
que les tiers pourraient porter à nouveau la question
devant les juges. Quant au ministère public, il est essentiellement indivisible. Quel qu'en soit le représentant,
désormais il est irrecevable à saisir les tribunaux pour
le même objet et pour les mêmes causes,

Enfin, rappelons que nous avons eu déjà l'occasion de
dire que le jugement a un effet rétroactif au jour de
la demande. Le brevet est censé, en droit, n'avoir
jamais existé.

CHAPITRE II

Des Législations Étrangères soumises au principe du non-examen.

La législation française est le type des législations de non-examen. Elle est la plus ancienne, puisque la première réglementation d'ordre général relative aux brevets d'invention, date du début de la Révolution, dont la loi actuelle du 5 juillet 1844 n'a fait qu'emprunter les idées fondamentales. Son étude serait suffisante à la compréhension de notre système, mais son caractère du modèle est la raison même qui nous porte à analyser les législations de deux nations voisines, la Belgique et l'Italie. Celles-ci relativement nouvelles, nous montrent quelle grande part d'assimilation les législateurs étrangers ont cru devoir emprunter à nos codes, en même temps qu'elles nous procurent une étude fructueuse sur les diverses rectifications de détail que les exigences contemporaines leur ont imposées.

I. — Législation Belge.

La législation Belge se compose d'un ensemble de lois et d'arrêts Royaux s'échelonnant dans cette dernière moitié de notre siècle (Lois du 24 mai 1854, 27 mars 1857, 5 juillet 1884. Arrêts du 24 mai 1854, 12 septembre 1861, 23 juin 1877).

D'après elle, est brevetable toute invention susceptible d'être exploitée comme objet d'industrie ou de Commerce (art. 1), pourvu qu'elle soit nouvelle. Le lieu d'origine de l'Invention n'est plus à considérer : antérieurement à la loi de 1854, l'invention devait être nationale, avoir été découverte sur territoire Belge.

Contrairement à la loi Française, et pour le plus grand avantage de la simplification des procès et de l'unification de la jurisprudence, la loi Belge nous donne une définition précise de ce qu'elle entend par caractère de nouveauté de l'invention. Seule la France et quelques rares États ont laissé au juge entière liberté d'appréciation de ce caractère, tandis que la plupart ont cru prudent d'en préciser le sens ; chacun l'a compris de façon spéciale mais presque tous l'ont spécifié.

En l'espèce, l'antériorité serait pertinente au cas où l'objet aurait été employé, mis en œuvre ou exploité par un tiers, sur le territoire belge, avant le procès-verbal du dépôt. Toutefois cette exploitation devra être commerciale, exercée dans un but de lucre, et non seulement en vue d'une satisfaction personnelle. Même caractère d'antériorité quand la spécification complète ou les dessins exacts ont été déjà reproduits dans un ouvrage ou recueil imprimé et publié. Cette publication n'a point, comme l'exploitation, un caractère strictement national. Peu importe qu'elle ait été faite sur territoire étranger ou dans les limites du royaume ; les termes de la loi sont généraux, adéquats, et, quelqu'en soit l'origine la divulgation écrite serait une raison suffisante d'illégalité du brevet.

Cependant dans l'hypothèse où, pour un certain objet, un brevet aurait déjà été délivré dans un État étranger, la délivrance d'un nouveau privilège par l'administration Belge, serait légale. Mais évidemment, en ce cas, la publicité du premier brevet, ne saurait préjudicier au caractère de nouveauté de l'invention, car, s'il en était autrement, nous aboutirions à une contradiction, la loi permettant cette exception au Principe, mais laissant sa réalisation impossible en fait. Il est évident aussi que cette faculté n'a en vue que le titulaire du premier brevet. Un tiers ne pourrait en aucune façon en tirer profit. (Art. 24).

La demande sera adressée au greffe d'un des gouvernements provinciaux ou au bureau d'un commissariat d'arrondissement. Elle devra être produite en double exemplaire et accompagnée d'une description également double. Celle-ci, devra être écrite sur un papier spécial, dit « prô patria » et se terminer par un court résu-

mé. Enfin, le requérant devra ajouter les dessins, modèles, échantillons nécessaires ; et le tout sera énuméré
dans un bordereau. (Arrêtés du 24 mai 1854, 12 septembre 1861, 23 juin 1877).

La rédaction peut être indistinctement faite en français, en allemand ou en flamand ; mais dans le cas où
le requérant n'habiterait pas la Belgique, s'il n'avait
pas employé la langue française, il devrait fournir une
traduction. (Arrêté 1854. Article 4).

Ajoutons qu'à l'exemple de notre loi de 1844, chaque
demande ne saurait s'appliquer qu'à une seule invention
principale.

L'administration ne se livre à aucun **examen**, sauf
sur les questions de forme. Par suite, le brevet est
délivré sans garantie, aux risques et périls de l'impétrant (art. 2). L'arrêté de délivrance constitue son
titre, et avis en est donné au public par la voie de l'or-
gane officiel.

Si, l'administration trouvait des irrégularités de
forme ou des omissions de pièces, elle devrait inviter
l'intéressé à rectifier sa demande. Cette invitation
n'existe pas dans la législation française ; le ministre
rejette purement la requête, après avoir motivé son
arrêté ; aucun conseil n'est donné à l'intéressé ; mais
nous savons que d'après l'opinion généralement admise
si une nouvelle demande est déposée dans les deux
mois du rejet, cette demande est considérée en France
comme une simple rectification de la précédente, et

prend dâte au jour du dépôt de cette dernière ; le requérant jouit ainsi en France des mêmes avantages
que sous la législation Belge, arrêté 1854 (art. 12).

Le privilège part du moment où le procès-verbal de
dépôt a été rédigé ; sa durée est uniformément de vingt
années, sauf le cas où il aurait été précédé pour le
même objet de brevets étrangers. S'il en était ainsi,
il aurait la durée du brevet le plus long. (art. 3-14-18).

Les redevances sont de 10 francs la première année,
payables lors du dépôt de la demande, et chaque année
suivante, elles s'augmentent d'une même somme de 10
francs, également payables par avance (art. 4).

A côté des brevets ordinaires, la législation belge
reconnaît les brevets de perfectionnement. Par cette
expression, elle entend ce que nous appelons du nom
de certificats d'addition. Nous n'avons rien en Belgique
de semblable à nos brevets de perfectionnement, tels
que les conçoit la loi de 1844.

Les tiers, seuls juges de l'opportunité des actions
en nullité, pourront en saisir les Tribunaux. La nullité
sera possible, si la description est incomplète, volontairement ou non, au cas où le caractère industriel fait
défaut, ou si l'invention n'est pas nouvelle (etc) ou
pour mieux dire toutes les fois où les exigences de fond
et de forme ne se trouveraient pas réalisées.

La nullité a toujours un effet absolu, à l'égard de
tous, autre différence avec la loi française, et d'une
utilité incontestable car elle évite, comme nous avons

déjà eu l'occasion de le dire, une répétition inutile des procès identiques.

Terminons par une particularité intéressante.

L'annulation, quelqu'en soit d'ailleurs la cause, ne résulte pas du jugement qui la prononce. Un arrêté royal seul, peut et doit, après tout jugement définitif prononçant la nullité, annuler le brevet antérieurement délivré : Il en est de même de la déchéance, sauf évidemment la différence de caractère de ces deux actions au point de vue de l'effet de la radiation, mais le brevet subsiste également jusqu'à l'arrêté royal. (art. 26.)

II. — Législation italienne.

La législation actuelle date de l'ancien Royaume de Sardaigne (30 octobre 1859), et a été, au cours des différentes conquêtes qui devaient assurer à la Maison de Savoie la souveraineté sur la Péninsule toute entière, étendue successivement aux provinces conquises. De plus plusieurs règlements exécutifs lui servent de complément dans sa mise en œuvre. Citons aussi une loi du 4 août 1894, qui modifie sur plusieurs points le mode de publicité des brevets.

Comme la loi Belge, la législation italienne admet le système du non-examen ; l'administration se contente d'apprécier les questions de procédure.

Cependant, le rôle de l'administration est bien plus

important que sous les législations précédentes, car
elle peut, sinon étudier le fond, du moins apprécier
l'exactitude et la suffisance de la description annexée à
la demande (art.3).

La législation italienne n'a pas suivi la loi Belge
dans sa spécification légale du caractère de nouveauté;
mais par contre, l'invention nouvelle pour être brevetable, doit être évidemment industrielle, (art. I) et sur
ce point l'Italie nous offre une longue énumération de
ce qu'elle entend par invention ou découverte industrielle : « Sont seules industrielles, celles qui ont
directement pour objet un produit ou un résultat industriels, ou un instrument, un engin, une machine, un
mécanisme ou une disposition mécanique, un procédé
ou une méthode de production industrielles, un moteur,
ou l'application industrielle d'une force déjà connue, et
encore l'application technique d'un principe scientifique
donnant des résultats industriels immédiats : dans ce
dernier cas, le privilège est limité aux seuls résultats,
expressément indiqués dans la demande » (art. 2). En
outre, une autre limitation, dont les termes semblent
empruntés à notre législation nationale, vient encore
restreindre le domaine de la protection industrielle.
« Ne sont pas brevetables, les inventions contraires aux
mœurs, à la tranquillité publique ou aux lois du royaume,
celles qui ont pour objet un médicament sans distinction d'espèce ou la production d'une chose immatérielle,
enfin les inventions purement scientifiques ». (art. 6).

La demande est adressée au Ministre de l'agriculture, de l'industrie et du commerce ou même directement au bureau de la propriété industrielle annexé à son département.

Elle porte les noms et prénoms, nationalité et domicile du requérant, un titre précis et fidèle, et la durée que l'intéressé a cru devoir choisir, le reçu de la taxe et la procuration en cas de mandat. Il y est joint une description en trois exemplaires, dont la production est indispensable sous peine de nullité, et les dessins, modèles et échantillons nécessaires.

Le libellé doit être écrit en langue italienne ou française au choix de l'inventeur et sur papier spécialement déterminé à cet effet. Le tout est résumé dans un bordereau (art. 20, 21, 39, 57, 22).

L'administration, en possession des documents, doit examiner la régularité des pièces de procédure, et nous savons quelle extension il convient de donner à cette expression sous la législation italienne. En cas d'irrégularité, durant un temps donné après avertissement, faculté est laissé au requérant d'opérer les rectifications qui lui sont désignées, ou par son silence d'acquiescer au rejet, ou même encore de recourir contre l'arrêté dont il est l'objet devant une sous-commission spécialement compétente (art. 42, 43). Il est même un cas où l'administration, oubliant totalement le principe de non examen, se permet d'apprécier la nature intrinsèque de l'invention. Nous sommes dans l'hypothèse d'une invention ayant pour objet un aliment. En l'espèce et sous peine de nullité, la délivrance ne peut être opérée qu'après avis du Conseil de santé. Le Conseil est-il opposé à la délivrance, l'administration doit se conformer strictement à l'opinion émise et prononcer le rejet (art. 37, 38, 57).

La durée du brevet est variable de 1 à 15 années. Si même, il avait été délivré pour un temps inférieur au maximum, il pourrait être dans la suite porté à cette dernière limite, mais sans qu'il soit possible de la dépasser, à moins évidemment d'une loi particulière (art. 10). Au sujet de son point de départ, la loi Italienne reconnaît une distinction originale. Le brevet produit son effet dès le moment du dépôt de la demande (art. 10). Mais il n'en est plus ainsi pour le calcul de sa durée. Sur ce dernier point, le privilège est censé partir du dernier jour du prochain mois de mars, ou juin, septembre ou décembre. Il y a de la sorte une certaine unification dans l'extinction des monopoles (art. 10).

La redevance se compose d'une taxe proportionnelle et d'une taxe annuelle. La taxe proportionnelle payable avec la première taxe annuelle, lors du dépôt de la demande, est égale à autant de fois dix lires qu'il y a d'années privilégiées à courir d'après la détermination de la requête. Les secondes sont progressives, s'augmentant de trois ans en trois ans. Les trois premières sont du taux de quarante lires, les trois autres de 65 lires, puis de 90, de 115 et enfin les trois dernières de 140 lires. Elles doivent être soldées au plus tard dans les trois mois de l'échéance sous peine de déchéance (art. 14, 15-39-58).

Nous trouvons également ici, les certificats d'addition, d'un caractère identique à celui qu'ils possèdent en France. Le certificat fait corps avec le brevet principal dont il a la durée ; il disparaît avec lui, mais aussi profite de la prorogation dont il pourrait être l'objet. Le certificat d'addition est soumis à une redevance fixe payable par anticipation de 20 lires, (art. 16).

L'Italie, comme la Belgique, ne connaît point le système des brevets de perfectionnement, tel que nous l'entendons en France. Le breveté peut seulement obtenir un certificat d'addition « certificat complétif », dont le sort est lié à celui du brevet principal. Pour faciliter cette extension de son privilège, le breveté jouit d'un droit de priorité durant les six mois qui suivent la délivrance ; les tiers peuvent déposer une demande en brevet pour toute invention, même se rattachant à une autre invention brevetée depuis moins de six mois, mais en ce dernier cas cette demande doit être sous pli cacheté, et ce pli ne pourra être ouvert avant l'expiration du délai, (art. 26-27-57).

Les actions en nullité sont de la compétence des tribunaux judiciaires. L'effet des jugements est relatif ; cependant si la nullité d'un brevet avait été prononcée par deux fois au profit d'un particulier, le Ministère

public peut requérir la nullité absolue ; même directement il le peut immédiatement dans certains cas,
(art. 60). De tels litiges sont jugés sommairement et
l'affaire est de droit communicable au Ministère public,
dont le rôle est sensiblement le même qu'en France
(art. 59).

Le breveté pourra se mettre en garde contre les
actions en nullité, par le moyen des « Certificats de
réduction ». Si le titre qui lui a été délivré sur sa demande, prête légitimement aux critiques des tiers, il
pourra renoncer à une partie de ses prétentions. Aux
termes de *l'art.* 23, dans un délai de six mois à partir
du dernier jour du mois de mars, juin, septembre et
décembre qui suit immédiatement le dépôt de la demande, le breveté peut demander que son titre soit
restreint dans ses effets à une partie seulement de la
description primitive.

La législation italienne reconnaît enfin, comme la
loi belge, les brevets d'importation ; le titulaire du brevet étranger peut valablement en obtenir un autre en
Italie, sans que la publicité du premier puisse contrecarrer son droit. Mais, il n'en serait plus de même si
l'invention avait déjà été exploitée en Italie par un
tiers. Le requérant doit joindre, aux pièces de droit
commun, le titre du brevet étranger.

La durée des brevets d'importation ne peut excéder
celle du brevet étranger le plus long et en aucun cas
elle ne peut dépasser quinze années (art. 1 et 11).

CHAPITRE III

Des législations soumises au principe d'Examen.

Quoique soumises au même principe, les législations étrangères qui admettent l'examen préalable diffèrent profondément à plusieurs points de vue. La plupart ont créé une institution spéciale à côté de l'administration proprement dite, à laquelle elles ont remis le pouvoir d'examen. D'autres, qui forment l'exception, ont laissé cette compétence aux mains des ministres ou de leurs subordonnés.

Et surtout, ce qui différencie ces diverses applications d'un même système, c'est l'étendue plus ou moins grande du champ d'action où peut légalement se mouvoir le droit d'appréciation de la puissance administrative, quelle qu'elle soit. Parfois, l'administration doit se cantonner dans l'examen de la valadité juridique de la prétention; plus rarement, nous l'avons vu, elle peut se prononcer sur la valeur économique, commerciale, de l'objet.

Notre étude débutera par la législation des Etats-

Unis d'Amérique, qui ont adopté ce dernier système ;
nous continuerons par l'analyse des législations allemande, anglaise et autrichienne qui n'ont pas admis
cette extension abusive, pour terminer par la loi suisse.
Cette dernière a mis en pratique le système dit de
« l'avis préalable » qui fut proposé et discuté lors du
Congrès de Paris en 1878.

I. — LÉGISLATION DES ÉTATS-UNIS D'AMÉRIQUE.

Cette législation nous offre trois points importants.
D'abord *nous verrons* quelle large compétence elle
donne à l'administration. En second lieu, aucune législation ne met mieux en lumière, l'opposition funeste
que crée le régime de l'examen entre deux pouvoirs
de nature essentiellement distincte et devant être le
plus possible indépendants l'un de l'autre : nous verrons
l'administration juge en premier ressort, dont les décisions peuvent être légalement attaquées devant les
tribunaux judiciaires. Cette méconnaissance du principe de la séparation des pouvoirs est d'autant moins
explicable que les Etats-Unis ont toujours été jusqu'ici
de fidèles observateurs des moindres exigences de ce
principe. C'est ainsi qu'ils ont formellement répudié
tout régime parlementaire. Enfin la législation américaine délivre le brevet non pas au premier demandeur mais bien au véritable inventeur. Par serment, le

requérant devra jurer qu'il est ou plutôt qu'il croit être le créateur de sa prétendue découverte.

La législation actuelle se trouve contenue dans différentes parties des statuts révisés (22 mars 1874). Il convient d'y ajouter plusieurs règlements complémentaires dûs au commissaire spécial des brevets, après approbation du secrétaire d'Etat de l'intérieur. Plusieurs amendements datent de ces dernières années. Ainsi nous trouvons deux lois nouvelles du 3 mars 1897, et du 10 juin 1898, et plusieurs modifications réglementaires du 14 février 1895, du 28 février 1899, du 5 décembre 1899, et du 18 juillet de cette même année.

Le pouvoir exécutif ne s'occupe pas lui-même des questions de brevet. Près de lui siège un bureau spécial, à la tête duquel se trouve un commissaire des brevets. Le commissaire a la haute main dans cette administration. Il a même le pouvoir de réglementation, sauf approbation du secrétaire d'Etat de l'Intérieur. A ses côtés, des examinateurs de différentes classes sont spécialement chargés de l'étude des requêtes qui lui sont adressées, et c'est sur leur avis qu'il délivre ou refuse le privilège.

La loi du 3 mars 1897, a modifié les conditions de brevetabilité des inventions. Aux termes de l'art. 4886 revisé. « Toute personne ayant inventé ou découvert un art, une machine, une manufacture ou une composition de matière possédant le caractère de nouveauté et de

l'utilité ou un perfectionnement à ces inventions pourra
avoir brevet à la condition que cet objet n'ait pas été
connu ou employé par d'autres dans ce pays avant
la date de l'invention, qu'il n'ait pas été breveté ou
décrit dans une publication imprimée dans le pays ou
ailleurs antérieurement à l'invention ou plus de 2 ans
avant le dépôt de la demande de brevet et qu'il n'a
pas été mis en usage public ou en vente dans ce pays
plus de deux ans avant la date de la demande », sauf
le cas où l'intéressé aurait renoncé au privilège soit
par consentement formel soit tacitement (art. 4823).

Et l'article 4887 ajoute : nulle personne ne pourra
être empêchée de prendre un brevet, si elle a demandé
un brevet à l'étranger, à moins que la demande étrangère ait précédé de sept mois la demande adressée au
commissaire spécial. »

Le brevet peut être requis par l'inventeur lui-même
ou par son mandataire muni d'une procuration. Le
commissaire peut refuser l'office d'un agent régulièrement habilité, pour cause d'inconduite. Mais ce refus
doit être motivé et approuvé par le secrétaire de l'Intérieur.

La demande de brevet doit être écrite et remise au
commissaire spécial des brevets. Elle doit être accompagnée d'une spécification précise et loyale et d'une revendication formelle des prétentions du requérant. Si
la nature du produit l'exige, on doit y joindre les dessins nécessaires ; et s'il s'agit d'un produit, le commis-

saire a la faculté d'exiger la production d'échantillons, en vue d'expériences pratiques. La description et la revendication doivent être signées par le requérant et certifiées par témoins.

En outre la demande doit être suivie d'un serment solennel. L'intéressé doit attester qu'il est ou plutôt qu'il se croit le premier inventeur, que l'objet est encore nouveau, à moins que son exploitation personnelle ne soit pas antérieure à deux années, et enfin quelle est sa nationalité. Ce serment est reçu à l'étranger devant les représentants officiels du gouvernement fédéral, ou devant les notaires publics. A l'intérieur devant les autorités spécialement compétentes (art. 4892 revisé).

En possession des divers documents de la requête, le commissaire des brevets les soumet à un examinateur. Celui-ci en examine la régularité, les titres de l'exposant et l'utilité et l'importance de l'invention.

En cas de rejet, notification en est faite à qui de droit avec les motifs de la décision prise. L'intéressé a la faculté d'opérer les modifications nécessaires, sans perdre son droit de priorité (art. 4903).

Le brevet est délivré sous le sceau du bureau des brevets. Il est signé par le secrétaire d'État de l'Intérieur et le Commissaire spécial. A l'arrêté de délivrance, est jointe une copie de la description et des dessins déposés. (Art. 4.883-4.884-4.889).

Le rôle de l'examinateur est délicat au cas « d'interférence », c'est-à-dire dans l'hypothèse où l'on estime

que l'acceptation de la demande pourrait porter atteinte
aux droits d'une spécification déjà déposée ou d'un
brevet antérieurement délivré. Alors l'examen de la
requête est soumis à un examinateur principal, sauf
recours devant l'autorité supérieure.

Ce système, malgré les précautions prises, est l'objet
des plus vives critiques. Souvent, l'appréciation des
examinateurs a été erronée ou partiale, à tel point que
le commissaire des brevets lui-même ait cru devoir
réclamer une réglementation nouvelle. N'est-ce pas
une reconnaissance de l'infériorité de ce système du
non-examen par les intéressés eux-mêmes ? Eux-
mêmes devant les conséquences souvent injustes de
leurs principes, se trouvent dans l'obligation d'en réclamer une réformation partielle.

Les recours contre les décisions des examinateurs,
se portent devant le commissaire des brevets ou l'assemblée des examinateurs en chef suivant l'espèce.
Les décisions du commissaire ou de l'assemblée des
examinateurs ne sont pas encore définitives.

Appel peut en outre être fait devant les tribunaux
d'ordre judiciaire. Antérieurement, la cour suprême
des États-Unis avait une compétence générale, mais
devant la lenteur des litiges en cours, une loi du 4
mars 1891, vint opérer une réforme des plus utiles.
Actuellement, il existe une Cour spéciale, dans chacun
des neuf circuits des États-Unis. Ces cours compo-
sés de trois juges peuvent valablement se réunir, deux

des magistrats fussent-ils seuls présents. Chacune
d'elles règle d'office la procédure à suivre devant elle.
Elles peuvent s'adresser à la cour suprême pour requérir son avis, et celle-ci peut, sans se contenter de formuler son opinion personnelle, retenir l'affaire portée
devant elle. En dehors même de cette hypothèse, la
cour suprême peut évoquer un litige actuellement pendant devant un des cours spéciales créées par la loi
du 4 mars 1891.

Le breveté est astreint à une redevance. Mais aux
Etats-Unis, contrairement au versement périodique
adopté par la plupart des législations, la taxe se compose uniquement de deux sommes fixes, payables antérieurement et concurremment à la délivrance. Lors du
dépôt de la demande, le requérant doit verser quinze
dollars et à la délivrance vingt dollars. Pour le versement de cette dernière taxe il jouit d'un délai
de six mois, pour satisfaire au paiement, et cela
sous peine de déchéance de la Patente (art. 4934-
4935).

A côté des brevets proprement dits, la législation
des Etats-Unis reconnaît le système des brevets provisoires sous le nom de « *Caveat* ». Ce brevet n'offre
aucune protection à l'inventeur. Par suite, l'exploitation de l'objet breveté par un tiers ne constitue pas un
délit de contrefaçon, d'autant plus que le brevet n'aura
reçu aucune publicité (art. 9902). Mais, si pour ce
même objet, une demande en brevet proprement dit,

était déposée par une tierce personne, le titulaire du *Caveat* serait averti, et pourrait utilement revendiquer son droit par la procédure d'interférence. Grâce à cette protection provisoire, l'inventeur d'un objet non encore suffisamment mûri et expliqué, pour permettre la demande d'une patente définitive, pourra s'adonner paisiblement à ses recherches de perfectionnement, sans crainte de se voir impunément dépouillé du fruit de ses premiers travaux. Le Caveat n'est permis qu'aux nationaux ou aux étrangers ayant un an de résidence sur territoire américain et ayant prêté serment de se faire naturaliser (4902).

Le brevet a une durée uniforme de dix-sept ans. Le point de départ est le moment de la délivrance. Sur ce point, le régime des Etats-Unis, contraste foncièrement avec les autres législations qui ont admis comme origine de privilège, le dépôt de la demande. Dans l'hypothèse d'un *caveat* précédant un brevet ordinaire, ce dernier a une existence entièrement distincte du *Caveat*, et ceci à tous points de vue, soit pour l'origine et la validité, soit même pour le paiement des redevances : la taxe du caveat n'entre pas en défalcation. De plus aux termes des statuts révisés (4885) chaque brevet porte la date d'un jour compris dans les six mois à compter du jour où il a été délivré et où l'avis en a été envoyé au demandeur, et si la taxe n'a pas été payée dans le courant de cette période, le brevet n'est pas délivré.

Ce serait donc au jour de la délivrance, ou au jour
du paiement de la taxe postérieurement à cette dernière que le brevet prendrait date. C'est un procédé
facile pour l'inventeur, en s'appuyant sur ce texte, de
retarder à son gré le moment où son brevet commen-
cera à courir. Il n'aura qu'à retarder le paiement de la
taxe préalable, jusqu'au dernier jour du délai de six
mois. Il pourrait même n'en tenir aucun compte ; son
brevet sera retenu, sans qu'aucune publicité ne soit
donnée à sa demande ; il ne coure aucun risque puisque le délai durant lequel il peut renouveler sa demande est de deux années, (art. 4897). Toutefois il
doit respecter les droits des tiers acquis dans l'intervalle.

Plus encore la loi Américaine lui offre, pour retarder
la délivrance, un autre procédé plus pratique, grâce à
un usage abusif d'une de ses prescriptions. Toute
demande de brevets, dit-elle, devra être complétée et
préparée pour l'examen dans les deux ans qui suivront
la date où elle a été déposée ; à défaut de cela ou dans
le cas où le demandeur négligerait de la poursuivre
dans les deux ans qui suivront toute décision y relative à lui notifiée, elle sera considérée comme aban-
donnée par lui, à moins qu'il ne soit prouvé à la satisfaction du Commissaire des brevets que ce retard était
inévitable (art. 4894) ; s'appuyant sur cet article, le
requérant négligera de déposer les rectifications nécessaires à sa requête dans les deux années du dé-

pôt ; avis de l'insuffisance lui en sera donné par le bureau des brevets, sur quoi il fera parvenir en réponse le complément demandé, mais seulement à l'expiration du second délai et en ayant bien soin de laisser dans cette dernière communication, certaines lacunes intentionnelles. De là, nouvel avis, nouveau délai, et autant de retard de deux années pour la délivrance.

Le législateur américain a compris ce dernier abus, et par une loi du 4 mars 1897, il a réduit ce délai de deux ans à une seule année. Mais, malgré tout, le procédé, quoique plus gênant, n'en reste pas moins possible. Du reste, un règlement avait tâché par des moyens plus pratiques de remédier à ces inconvénients dès le 14 février 1895. Dans son art. 65, il considère le demandeur comme persistant dans sa demande sans modification de la spécification, si dans les 6 mois de la décision du bureau spécial, il n'a pas renouvelé sa demande ; passé ce moment l'Examinateur procédera à un nouvel examen du cas. Et l'art. 68 ajoute : « chaque fois qu'une affaire aura été en suspens au bureau des brevets pendant plus de cinq ans et que le dossier sera de nature à faire naître la présomption que le Cours de l'affaire a été entravé par des retards intentionnels, l'examinateur pourra exiger du demandeur qu'il établisse les causes pour lesquelles l'affaire n'a pas été menée plus rapidement ». Ainsi le retardaire se trouve enserré étroitement, et il semble difficile, à moins de complai-

sances coupables, de retarder à son gré l'instant de la
délivrance.

La publicité du brevet est laissé en quelque sorte à
la libre disposition du commissaire spécial. Il peut faire
imprimer soit séparément soit en volumes les divers brevets antérieurement délivrés. Il peut les
faire distribuer gratuitement ou vendre, à son choix.
Cette publicité s'entend de la description et des dessins.

Une publicité plus efficace, et plus à la portée du public, consiste dans l'obligation pour le breveté d'inscrire sur chaque objet la désignation du brevet ; si la
nature de l'objet breveté ne le permet point, la marque en sera apposée sur l'emballage qui le renferme.
Cette exigence est la condition « *sine qva non* » de
l'efficacité du privilège. Sans elle, il ne saurait y avoir
de contrefaçon possible, à moins que le tiers contrefacteur ait eu connaissance pertinente de la restriction
de ses droits. En outre le breveté, qui aurait négligé
d'apposer cette marque sur ses produits serait pas-
sible d'une amende (art. 4900-4901).

Passons aux divers modes d'extinction des brevets.
Evidemment la fin normale sera l'expiration des dix-sept
années, ou la renonciation de l'intéressé. Si le brevet
américain allait de pair avec un brevet étranger, il
suivrait la durée de ce dernier, si elle est plus courte.
S'il y en avait plusieurs, il suivrait le sort du premier
éteint (art. 4887.) Mais cette assimilation s'entend de

la durée normale du brevet étranger. Il n'y a à considérer seulement que la durée que le brevet devrait avoir, et non pas celle qu'il a en fait par suite de nullité, déchéance ou renonciation. Ces incidents ne saurait avoir d'influence sur la patente américaine. Ainsi a jugé la Cour suprême le 21 juin 1889 (*Propriété industrielle de Berne*, année 1889, pages 122-149.) Partant du même principe, il découle que dans l'hypothèse où le brevet étranger se trouve prolongé par suite d'un droit que l'inventeur puiserait dans le brevet lui-même, cette prolongation ne saurait être accordée au brevet Américain. Cependant, en ce cas, la jurisprudence américaine s'est ralliée à la solution contraire.

La législation des États-Unis ne soumet les brevets qu'à une partie des nullités auxquelles ils sont exposés dans la plupart des autres législations. La nullité n'est possible qu'au cas d'insuffisance de la description ou d'exagération des prétentions du demandeur. Sur ce dernier point, malgré que l'exagération soit partielle, la nullité s'étend au brevet en entier, solution illogique et contraire à celle admise dans notre système français.

La nullité est tempérée par un système de restitution : dans les deux cas de nullité précédemment énumérés, le commissaire peut, s'il y a eu de la part de l'intéressé simple méprise ou accident, autoriser la délivrance d'un nouveau brevet, moyennant le paiement d'une somme de 30 dollars ; Evidemment la description devrait être préalablement rectifiée, de manière à devenir complète et exacte. (Art. 4916-4934.)

Dans les mêmes circonstances de bonne foi, le breveté qui aurait exagéré l'importance véritable de son invention, a aussi la faculté de rectifier avant toute poursuite en nullité, la spécification par lui fournie, en déposant des « disclamers », c'est-à-dire des rectifications à sa demande. L'objet doit être le même, mais il peut présenter sa requête sous une forme nouvelle plus explicite, ou amoindrir ses prétentions. Nous aurons l'occasion d'étudier une institution analogue dans la législation de la Grande-Bretagne.

Ajoutons que la Jurisprudence de la Cour suprême a admis la possibilité d'une action en nullité de la part du pouvoir exécutif, au cas où le brevet aurait été obtenu par fraude. L'effet, en l'espèce, du jugement prononcé serait une rescision absolue, en faveur de tous intéressés, et rétablissant entièrement la liberté économique.

II. — Législation allemande.

L'empire d'Allemagne a tenté efficacement, dans cette dernière moitié du siècle, d'établir son unité économique concurremment à son unité politique.

Le Zollverein y a anéanti les barrières douanières,

qui isolaient les uns des autres les divers royaumes ou principautés unis depuis 1870 sous le sceptre du roi de Prusse. Dès 1877, le législateur de l'Empire réussit à étendre cette unité au régime de la protection industrielle. Le 25 mai 1877, les législations particulières avaient vécu, et une loi générale s'étendant à toutes les parties constitutives de l'empire, venait encore en fortifier les liens de jour en jour plus resserrés.

Cette loi devait rester en vigueur durant une quinzaine d'années à peine, jusqu'au 7 avril 1891, date à laquelle parut la réglementation actuelle.

Lors de la discussion du projet de 1877, le législateur discuta longuement sur le principe, sur le régime à adopter. Il en fut de même en 1891, mais enfin de compte il se trouva au sein de la représentation législative une majorité considérable en faveur du système de l'examen, et ce fut logique dans un pays de forte tradition et de centralisation administratives.

D'ailleurs, comme aux Etats-Unis d'Amérique, les pouvoirs administratifs relatifs aux brevets sont remis entre les mains d'un office spécial, dit « Patentamt ». Cet office des brevets joue même le rôle du juge en ce que non seulement il se prononce sur les oppositions faites par les tiers aux prétentions du requérant mais aussi qu'il centralise l'examen des actions en nullité ou déchéance qui pourraient être intentées dans la suite. Toutefois l'action en contrefaçon reste de la compétence des tribunaux d'ordre judiciaire.

Par suite de cette importance considérable, le *Paten-tamt* a été soigneusement organisé. Cette organisation date du 18 juin 1877, d'un arrêté de ce jour qui en fixait la composition ainsi que la procédure à suivre devant lui. Il est divisé en plusieurs sections de trois ordres différents ; plusieurs sections de demandes, une section d'annulation et enfin en sections de recours, ces dernières jugeant en appel les décisions des précédentes (art. 1, § 14, 16, 18). L'office a aussi le pouvoir de réglementation pour faciliter l'application des lois qui régissent les brevets. Un des derniers avis se rapporte au dépôt des échantillons de produits chimiques, et a paru le 1er décembre 1894.

Ajoutons que pour les questions de contrefaçon, les tribunaux judiciaires restent compétents, sauf évidemment l'examen préalable par le bureau des brevets de la validité du brevet méconu, si le contrefacteur usait de ce moyen de défense ; mais en dehors cette hypothèse, l'office des brevets peut être invité par les tribunaux à leur donner son opinion (art. 1 p. 18).

L'originalité de la législation allemande consiste dans son système de procédure provocatoire.

La requête déposée est immédiatement soumise à l'étude d'un examinateur ; après examen, celui-ci rejette ou admet la demande. Mais en ce dernier cas, la protection n'est que provisoire et conditionnelle ; un certain délai est imparti aux intéressés pour faire opposition à la délivrance du brevet définitif, et ce n'est qu'après ce délai passé sans qu'aucune opposition n'ait été faite, ou, au cas contraire, après que cette opposition ait été jugée, que le bureau peut confirmer ou retirer la protection administrative.

L'Allemagne distingue les brevets proprement dits des modèles d'utilité. Les brevets ont un domaine bien plus restreint qu'en France et les modèles d'utilité en constituent le complément sagement compensateur. Le brevet s'applique aux inventions nouvelles de caractère industriel, mais parmi ces inventions de telles conditions sont imposées par le législateur, que souvent l'inventeur ne pourrait obtenir aucune protection, sans l'institution des modèles d'utilité. Ceux-ci s'appliquent également aux inventions industrielles, mais d'un ordre différent, et constituent une protection moins complète, de moindre durée en vue d'inventions que le législateur n'a pas cru devoir englober dans le domaine des brevets. Nous aurons l'occasion à la fin de l'étude de cette législation de montrer l'opposition qui existe entre ces deux institutions se complétant l'une et l'autre.

Quant aux brevets, aux termes de l'art. 1 par. 1, « ne sont pas brevetables les inventions contraires aux lois, aux bonnes mœurs, celles qui se rapportent aux aliments, aux objets de consommation, médicaments et matières obtenus à l'aide de moyens chimiques, lorsque ces inventions ne portent pas sur un procédé déterminé pour la production de ces objets ». Pour les découvertes utiles à l'armée, la flotte ou à l'intérêt publique,

le Chancelier de l'Empire peut annuler le droit exclusif de l'intéressé à l'exploitation de son œuvre, sauf
une juste indemnité. Ajoutons que l'effet du brevet ne
s'étend pas aux dispositions appliquées à des moyens de
transport qui ne séjournent que momentanément dans
les limites de l'Empire (art. 1 par. 5).

Qu'entend-on par caractère de nouveauté ? La loi
fournit sur ce point une définition originale. Distinguant l'exploitation de la publication, elle considère
comme antérieurement connue l'invention exploitée
dans le pays, sur une échelle suffisante pour que les
gens du métier puissent en connaître le secret. Quant
à la publication, elle est considérée comme non-avenue
si elle est antérieure de plus de cent ans. Mais il faut
bien remarquer qu'alors que l'exploitation capable d'a-
néantir le caractère de nouveauté, doit être nationale,
peu importe le lieu de la publication pourvu qu'elle
satisfasse à cette seule condition, d'avoir eu lieu dans
les cent ans qui précèdent.

En outre, sur ce dernier point, la loi allemande
crée une exception, au cas où le requérant aurait déjà
obtenu la protection d'un état étranger. En l'espèce,
les publications officielles du titre étranger ne sont
opposables qu'après un délai de trois mois, mais uniquement au profit du titulaire de ce premier titre,
(art. 1, § 2).

Le privilège consiste dans un droit exclusif d'exploitation et de mise en œuvre. Le breveté seul

pourra produire l'objet, utiliser les moyens protégés, y compris le produit directement obtenu par ces moyens.

Et cette exclusion sera générale dans tout l'Empire, et à l'égard de tous, nationaux ou étrangers ; sauf toutefois une exception unique en faveur de ceux qui, à l'Etranger, ont déjà exploité l'objet breveté, ou fait des préparatifs en vue de cette exploitation antérieurement au dépôt de la demande. Cette exploitation étrangère, nous le savons, ne saurait juridiquement atteindre le caractère de nouveauté de l'invention ; toutefois ce droit exceptionnel laissé aux tiers ne peut être transmis qu'avec l'établissement où l'exploitation a été effectuée (art. 1, par. 4).

Quiconque est *inventeur* peut présenter valablement une demande de brevet. Ainsi, la loi allemande récompense l'inventeur lui-même et non pas le premier requérant. Si le demandeur n'est pas l'inventeur, le bureau peut rejeter d'office, et c'est un droit pour le tiers victime de l'usurpation de s'opposer à la délivrance.

Si le requérant est étranger et non résidant en Allemagne, la nomination d'un mandataire domicilié dans l'Empire est indispensable. Ajoutons que le législateur allemand a cru devoir donner au Chancelier de l'Empire, le droit d'user de retorsion à l'égard des ressortissants des états étrangers (art. I, paragraphe 12).

La demande doit être adressée au bureau des brevets et rédigée, ainsi que toutes les pièces annexées, en langue allemande. (Art. I, paragraphe 34).

Chaque requête doit s'appliquer à une seule invention et être suivie d'une description suffisamment explicite, et terminée par une revendication précise. En cas d'insuffisance, la production de modèles, dessins et échantillons est nécessaire. (Art. I, paragraphe 20).

Cette requête est examinée par un membre de la section des demandes. Il se prononce sur la régularité de la procédure et même sur le caractère de brevetabilité de l'objet. Si ces conditions ne lui paraissent pas remplies, il en avertit l'intéressé en lui stipulant un certain délai pour la production des rectifications qu'il détermine. Toute opposition faite à sa décision est portée devant la section des demandes, l'examinateur ne devant pas prendre part au vote. L'intéressé peut se présenter personnellement devant la section, innovation de la loi nouvelle, car celle de 1877 l'obligeait à faire connaître ses prétentions par écrit.

Si l'examinateur, ou la section en cas d'appel, sont d'avis d'accorder la délivrance, publication de la demande est faite. Elle porte que l'exposant jouit d'une protection provisoire, ce qui doit mettre en garde les tiers désormais sujets à des poursuites en réparation pécuniaire au cas de confirmation ultérieure de cette décision temporaire. Les différentes pièces sont exposées au bureau des brevets. Une ordonnance impériale peut même prescrire que ce dépôt aura lieu dans une

autre ville que la capitale. L'intéressé peut obtenir que
cette publication soit différée, de six mois au moins, et
exiger qu'elle le soit de par son ordre pour trois mois
au maximum. Cette publication est le point de départ
du droit d'opposition des tiers intéressés (art. I, par.
23). Leur opposition doit être écrite, motivée et s'ap-
puyer sur les seuls faits de non-brevetabilité, ou manque de caractère de nouveauté ou de nature industrielle
et d'usurpation de la découverte d'autrui, car le demandeur par suite n'a aucun droit à la délivrance (art.
I, par 24-25). Appel de la décision intervenue peut
être fait par le demandeur ou l'opposant après paiement
préalable d'une certaine taxe pour frais de procédure.
(art. I. par 27).

Quand le bureau des brevets, décide la délivrance ou
rejette, ou même dans l'hypothèse où le requérant re-
nonce à ses prétentions premières, ces différents faits
sont portés à la connaissance du public par la voie du
Moniteur de l'Empire (art. I, par. 27).

Un titre est délivré incessamment au titulaire en cas
d'enregistrement de sa requête.

La durée du brevet est de quinze années. Diverses
redevances sont aussi exigées du demandeur. On a vu
que dans l'hypothèse de recours contre une décision
quelconque, il était d'usage courant, d'exiger le versement d'une certaine somme fixe, avec paiement
préalable, en vue des frais de procédure. En outre le
dépôt de la demande doit être accompagné du verse-

ment de 20 marks ; 30 marks sont dus dans les deux
mois de la publication de la demande, origine du droit
d'opposition. La deuxième année 100 marks, la troisième 200 et ainsi de suite. Le versement de ces coti-
sations annuelles doit être opéré dans les six semaines
de l'échéance ; passé ce délai, on conserve la faculté
durant six autres semaines d'y satisfaire valablement,
mais avec une majoration de 10 marks. Il peut être
opéré par avance, et restitution est faite des taxes non
échues au cas d'annulation ultérieure. Enfin diverses
prescriptions spéciales viennent faciliter le paiement des redevances par les indigents. Les sommes
sont reçues à la caisse du bureau des brevets, et
aux guichets des bureaux de poste (art I. par.
7, 8, 9).

En fait de publicité, nous savons que, en vue des
oppositions possibles, la demande est portée à la connaissance du public, par l'office du Moniteur de l'Empire ; les diverses pièces sont en outre laissées au
bureau des brevets où tout intéressé a la faculté de les
consulter durant ce délai d'opposition, à moins qu'une
décision spéciale de l'autorité exécutive ne détermine
un autre lieu de dépôt. Mais en tout temps le bureau
du *patentant* tient un rôle où sont inscrits tous les
renseignements profitables, relatifs tant au brevet qu'au
breveté lui-même. Les mutations qui peuvent intervenir, y sont aussi transcrites.

Après les précautions prises par le le législateur

Allemand, le requérant ayant obtenu gain de cause,
n'aura guère à craindre l'instabilité de son brevet.
Sans doute, il aura à redouter les actions en nullité
ou en déchéance. Mais pour les dernières, libre à lui
de ne pas leur laisser porte ouverte en satisfaisant
scrupuleusement aux exigences de la loi. (art. I, par.
19).

La nullité s'entend du manque d'un des éléments de
fond indispensables à la formation du privilège. Tout
intéressé, ne fut-ce qu'indirectement, peut légalement
se porter partie demanderesse dans un tel litige.

Toutefois dans l'hypothèse où la prétention du
demandeur est formée sur l'usurpation de la découverte, la victime seule de l'usurpation alléguée est
valablement reçue à la formuler (art. I, par. 18).

La loi nouvelle de 1891 a en outre admis une sorte
de péremption du droit de poursuite en nullité. Elle
peut être justement intentée dans les cinq ans seulement de la publication de la délivrance. C'est un des
points, sur lesquels nous avons cru devoir porter notre
attention, dans l'étude de notre législation nationale ;
au bout d'un certain délai, l'inaction du public intéressé
à provoquer l'annulation d'une protection coercitive de
ses droits personnels, n'est-elle pas une juste et indéniable confirmation de la légitimité des revendications
du privilégié ? passé ce terme il sera bien rare de voir
un procès intenté, se fondant sur le vice constitution-
nel de la formation du privilège ; s'il eût été possible,

il eut été formé dès les premiers mois de la publicité.
Et ainsi nous avons l'avantage de ne point laisser planer l'incertitude sur le droit du breveté, facilitant de
la sorte et le développement industriel de son œuvre
et la transmission à autrui. Ce fut devant cette considération que le législateur allemand devait réformer
les prescriptions de la loi de 1877. Aux termes de cette dernière, conformément à la nôtre de 1844, l'action était permise durant tout le cours du brevet.

Passons aux modèles d'utilité. Cette institution date
de la nouvelle réglementation de 1891. Elle constitue,
avons-nous dit, le complément nécessaire des brevets
proprements dits, ceux-ci, en dehors des divers éléments constitutifs dont nous avons dû précédemment
analyser les termes, se trouvant plus encore limités
par une dernière exigence de la loi. L'invention même
industrielle et nouvelle, doit être, pour posséder le
caractère indispensable de brévetabilité, une combinaison de forces naturelles en vue de l'obtention d'un
résultat technique, une création technique, tendant par
des moyens déterminés à un certain résultat technique.
Autant de limitations du domaine de la patente. Le
correctif se trouve dans les modèles d'utilité. Ils s'appliquent aux instruments de travail ou objets destinés
à un usage pratique ou encore à leurs parties, en tant
que par une nouvelle configuration ou combinaison, ils
sont appropriés à un travail ou à un usage pratique

(art. 1). Une plus grande facilité d'obtention est laissée aux modèles d'utilité ; plus d'examen préalable et l'appréciation des conditions du fond de la demande est laissée aux tiers. Nous sommes, en somme, sous le Régime d'absence d'examen. Les taxes sont moindres, et le caractère de nouveauté diffère sensiblement de celui de la patente, en ce que l'antériorité se trouve suffisamment établie par la description de l'objet dans un imprimé rendu public ou par son exploitation dans le pays. Ici plus de limitation de cent années au cas de publication. (art. 2 et 8).

Cependant, dans l'hypothèse où le brevet et le modèle d'utilité seraient simultanément possibles, il sera rare de voir préférer le modèle ; car la durée du modèle est bien plus restreinte, de six années au lieu de quinze.

L'Allemagne reconnaît aussi les certificats d'addition. Ils ont un caractère identique aux nôtres, se liant au brevet principal et faisant corps avec lui. D'où, il suit qu'ils ont la même durée. Mais, et c'est là un point essentiellement différent de notre législation française, cette assimilation de principe au point de vue de la durée des certificats ne saurait être entière qu'en cas de fin normale du brevet. Dans l'hypothèse d'une extinction irrégulière, de déchéance ou de nullité, sans doute, de par les termes de la loi, le certificat suit en principe le sort de la chose dont il est connexe, mais en fait cette annulation ou cette révocation peut, par faveur spéciale, ne point rejaillir sur l'invention complémentaire. Elle peut, par autorisation particulière, prendre au jour de cette déchéance, une existence distincte, personnelle, transformant désormais son caractère d'objet subordonné, en celui d'invention directement soumise à la protection légale. Mais sa durée, évidemment, ne saurait s'accroître par suite de cet incident et reste la durée normale du brevet principal (art. 1, parag. 7).

III. — Législation de la grande-bretagne.

La législation anglaise a été entièrement renovée dans ces dernières années ; elle présente de nombreuses analogies avec la législation allemande qui d'ailleurs lui servit de modèle.

La loi du 25 août 1883 fut le point de départ de la réglementation nouvelle. Elle fut suivie par d'autres lois de détail du 14 août 1885, 25 juin 1886 et 24 décembre 1888.

Les pouvoirs relatifs aux brevets sont remis au *Patent office* qui fait partie du *board of trade* (Ministère du commerce). Un contrôleur général se trouve à la tête du *Patent office* assisté de subordonnés chargés de la vérification des demandes de *patente*, qui lui sont adressés. Le *Patent office* joue, comme le *Patent-tamt Allemand*, le rôle d'administrateur et de juge. Quant au *Board of trade* il peut prescrire certaines réglementations complémentaires pour l'exécution du texte législatif et peut même, parfois, réglementer sans tenir compte de la loi, quoique régulièrement émise.

La loi anglaise admet le régime de la procédure provocatoire aux oppositions ; les tiers intéressés peuvent ainsi s'opposer à une demande irrégulière. De plus le brevet n'est accordé qu'à l'inventeur lui-même.

La législation des brevets s'étend uniquement au territoire continental de la Grande-Bretagne et à l'île de Man, les autres îles restant en dehors de son domaine.

Elle reconnaît trois sortes de brevets : le brevet proprement dit, les spécifications provisoires, et enfin les brevets d'importation. Ces derniers s'entendent de la protection accordée à un tiers, déjà titulaire d'un brevet étranger.

Ces brevets d'importation sont possibles d'après le droit commun du régime des brevets. En effet, aux termes de la loi Anglaise, une invention est brevetable, si elle a un but industriel et si elle est vraiment nouvelle. Mais le caractère de nouveauté s'apprécie uniquement au point de vue du territoire soumis à la réglementation continentale ; d'où il résulte qu'un inventeur est fondé à préférer la protection étrangère et à n'exiger que plus tard la protection anglaise.

Toute personne a le droit d'obtenir un brevet, sans condition de nationalité. Elle peut le faire d'elle-même ou par mandataire spécialement autorisé, en élisant

domicile pour l'adresse des communications qui devront
lui être faites ; mais l'administration peut même exiger
que ce domicile soit dans les limites du territoire. En
cas de mort de l'inventeur, les descendants, dans les
six mois de l'ouverture de la succession, peuvent formuler la demande, à défaut du *de cujus*, seule personne, légalement qualifiée, aux termes du droit commun, (loi 1883, art. Loi 1885, art.).

La demande peut être libellée au gré du requérant.
Aucune formule spéciale n'est requise. La loi du 14
août 1885, en offre une aux intéressés, mais sans
caractère obligatoire, simple modèle destiné à faciliter
leur tache. Elle doit contenir la revendication du titre
de premier inventeur en Angleterre, condition essentielle de sa régularité, et s'appliquer à un seul objet
principal (loi 1883, art. 5).

La loi Anglaise permet à l'inventeur de déposer une
requête pour une invention encore à l'état d'ébauche.
Par ce moyen, il protège son œuvre contre les indis-
crétions facheuses, capables de détruire le caractère
de nouveauté indispensable pour la protection légale.
Ainsi il peut, en toute sécurité, continuer les travaux
de son ébauche, certain de la récompense, sans souci
de travaux inutiles et de peine perdue. L'inventeur
emploie alors le système de la spécification provisoire.

La demande ne saurait constituer à elle seule, l'unique document de la requête. Comme dans toutes les

législations, l'exposant doit fournir dans des pièces annexées l'explication détaillée de la nature, du but et
de l'utilité de son œuvre ; ce n'est autre chose que la
description exigée par nos lois françaises.

Si l'inventeur veut préserver uniquement son œuvre
de toute divulgation extérieure, il se contente de formuler un aperçu succinct de l'objet de la demande, com-
plété par dessins s'il y a lieu. Dès lors le caractère
de nouveauté est indiscutablement acquis, définitif,
sans que les évènements ultérieurs ne puissent en
rien influer sur lui. Une telle spécification reste secrète, ce qui exclue évidemment toute idée de poursuite en contrefaçon contre les tiers. Et de plus elle ne
saurait avoir qu'une durée restreinte, avec maximum
déterminé par la loi. Dans les neuf mois de son dépôt,
elle doit être remplacée par une spécification complète.

Celle-ci doit décrire avec précision la nature de l'objet et la façon de l'exécuter. On peut aussi y adjoindre
les dessins nécessaires à la compréhension de l'objet.
Cependant la loi permet de se référer à ceux déjà déposés lors du dépôt de la spécification provisoire. L'une
et l'autre doivent commencer par un titre, mais la spécification définitive doit en outre contenir une revendication précise des prétentions de l'intéressé. Le tout
doit être écrit ou imprimé sur papier spécial (loi 1883,
art. 5 et 8).

Ainsi composée, la demande est déposée au *patent*

office. Le contrôleur général des brevets la remet aussitôt entre les mains d'un de ses subordonnés chargé de l'examen de la régularité des pièces. Le rôle de ces subordonnés est plus étendu que celui de notre administration française ; en dehors des questions extérieures de régularité, ils examinent si la découverte est bien nouvelle, suffisamment décrite, si elle se réduit à une seule invention avec des revendications précises. Le subordonné n'a aucun pouvoir de décision ; il se contente de faire parvenir au contrôleur son avis sur la requête soumise à son examen. Si elle ne lui paraît pas régulière, il invite le contrôleur à exiger les changements nécessaires, mais en respectant le secret de la découverte. Le contrôleur se prononce en toute connaissance de cause, sauf recours à l'Attorney général ou au Sollicitor général. La requête rectifiée prend date au jour du dépôt de la première demande. Cependant, en cas de mauvaise foi, de procédés malhonnêtes, le contrôleur peut stipuler que le brevet partira seulement du dépôt des pièces une fois régularisées (loi 1883, art. 6-7, loi de 1888).

Sous la législation de 1883, le contrôleur général pouvait, d'après ce principe, rejeter d'office la requête dont le titre lui semblait être déjà l'objet d'autres demandes actuellement soumises à son appréciation. (interférence) Souvent l'administration, malgré son bon vouloir, se livrait à une fausse appréciation des demandes qui lui étaient faites. Parfois elle admettait sans critique, une invention qui légalement aurait dû être rejetée et réciproquement. La loi de 1888, a voulu parer à ce funeste inconvénient, en refusant désormais au contrôleur général le droit de rejeter de lui-même les prétentions du demandeur. Mais l'impétrant conserve le droit de renoncer à son privilège. sauvegarde utile contre l'action en nullité et en revendication que les tiers lésés pourraient intenter contre lui.

Quand l'administration s'est déclarée satisfaite de la régularité de la demande, elle doit la porter à la connaissance du public. Le mode de publicité, consiste dans la vente à bon-marché, en fascicules brochés, du contenu complet de la demande, avec dessins et spécifications. En outre un journal périodique décrit plus sommairement les inventions précédemment acceptées. L'Angleterre a su trouver ainsi un mode pratique de publicité; les brochures sont pour une somme minime à la portée de tous, rendant des plus faciles l'opposition à la délivrance et l'action en nullité.

La publicité est le préliminaire de la procédure d'opposition. L'opposition est ouverte aux tiers intéressés. Mais ce terme d'intéressé ne doit pas être pris dans le sens large de notre législation française. Ce ne sont pas tous ceux qui peuvent être lésés dans leur commerce ou leur intérêt, le commerçant désormais sans clientèle, l'associé sans revenus, mais bien, dans un sens plus restreint, celui seulement dont le requérant aura directement usurpé ou méconnu les droits. Ce

sera le véritable inventeur dont l'exposant aurait pris
la découverte soit par fraude ou même involontaire-
ment. Le système anglais, donnant la préférence à l'inventeur et non pas à la première demande, il pourra
légalement s'opposer à la délivrance d'un brevet immé-
rité. De même, si l'invention est déjà l'objet d'un brevet
en cours, le titulaire de ce brevet, mais lui seul, pourra
aussi s'élever contre un privilège qui ne serait rien
moins que la méconnaissance du sien. Un autre cas
d'opposition se présente dans l'hypothèse des dépôts suc-
cessifs d'une spécification provisoire suivie d'une spécification complète. Cette dernière doit assurément porter sur le même objet. Cependant, un demandeur peu
scrupuleux pourrait adroitement obtenir par un rap-
prochement captieux, l'enregistrement définitif de sa requête, et ce, sans qu'aucun recours ne soit laissé aux
tiers. En 1888, le système d'étude par un examinateur
fut reconnu insuffisant, et la loi permit dès lors, mais
à ceux seulement qui avaient déposé une demande
identique à celles de la spécification définitive, dans
le délai écoulé entre les deux dépôts, de faire opposition à la délivrance de la patente (loi du 24 déc.
1888).

Le brevet a une durée de quatorze ans. Il part du
jour du dépôt de la demande, sauf décision contraire
du contrôleur général, en cas d'irrégularité des pièces
fournies. Il donne au patenté le droit d'exploitation
exclusive et le droit de poursuite en contrefaçon contre

les tiers. Toutefois on peut obtenir une durée plus considérable : La requête en doit être portée devant le conseil privé de Sa Majesté. Le comité judiciaire de ce conseil après enquête sur l'importance de l'invention, son utilité sociale, et le gain rapporté à son inventeur, peut, à son gré, accroître la durée du brevet pour un temps variable, mais avec un maximum de sept années. En cas exceptionnels ce maximum est porté à quatorze années. En fait l'augmentation de la validité des patentes, n'est pas rare en Angleterre, et l'on pourrait citer plusieurs exemples connus dans le monde économique, (loi 1883, art. 17-25).

Une particularité assez curieuse se rencontre à propos de la restriction de la liberté économique au profit du privilégié. La législation relative aux brevets s'étend nous avons vu, à toute la Grande-Bretagne et l'île de Man, mais une exception originale est formulée pour les navires anglais dans les eaux anglaises. Ceux-ci peuvent impunément se livrer à l'exploitation des produits protégés à condition toutefois de ne point les écouler sur marché anglais. Car en ce cas, on ne saurait vraiment soutenir qu'il y ait méconnaissance des droits du patenté. Son privilège ne s'étend que sur le seul territoire britannique ; du moment où le navire ne vient point sur les marchés de la métropole lui faire une concurrence illégale, il aurait bien mauvais gré de se plaindre de cette fabrication sur navires (loi 1883 art. 43).

La taxe afférente au brevet se compose d'un paiement
préalable à la délivrance du brevet et de redevances
ultérieures. Antérieurement à la délivrance le requérant
doit verser au trésor quatre livres sterling, dont une au
moment du dépôt de la spécification provisoire, et le
surplus au dépot de la spécification complète. Postérieurement, il doit encore 50 livres sterling avant l'expiration de la quatrième année et 100 avant l'expiration de la septième. Il peut cependant pour plus de
commodité échelonner ces divers versements, suivant
un mode défini par la loi elle-même (loi de 1883, deuxième annexe).

La loi anglaise permet l'action en nullité en cas
d'absence du caractère essentiel de nouveauté, mais
suivant le principe indiqué pour l'opposition, elle la
concède seulement aux tiers directement atteints par
le privilège : A l'intéressé qui pourra prouver qu'il
avait déjà exploité ou vendu l'objet de la prétendue
découverte par lui-même ou par associé, et dans l'hy-
pothè e où son exploitation personnelle n'aurait pas
trahi le secret de l'invention, il aura même la faculté au
cas de fraude de revendiquer son œuvre (loi de 1883,
art. 26).

En terminant, il convient de dire un mot des *dis-
claimers*. On entend par cette expression les rectifications ou changements opérés à la spécification définitive, postérieurement à la délivrance de la patente.
Ces changements ne sauraient avoir la moindre in-

fluence sur l'objet de la demande. Tel qu'il a été décrit
il doit rester aux termes de la loi. Le patenté devra
se borner à reviser la rédaction de la spécification et
l'exposé des divers caractères de l'invention. Revision
utile tant au point de vue de la publicité, que comme
sauvegarde contre les actions en nullité des tiers intéressés.

Ces modifications doivent être présentées, suivant
la procédure ordinaire, à l'agrément du contrôleur général. Elles sont publiées et susceptibles d'opposition.

IV. — Législation Autrichienne.

La loi actuelle est toute nouvelle ; elle date seulement du 11 Janvier 1897. L'Autriche a suivi le système allemand dans ses lignes générales : Toutes les
questions relatives au brevet sont soumises à l'appréciation d'un bureau spécial, siégeant à Vienne, compétent
à la fois pour l'examen des demandes et pour les procès qui peuvent intervenir après délivrance. Il se compose d'un président et de suppléants, assistés de
membres juristes et techniciens comme conseillers.
(art. 34). Ce bureau se divise en trois sections, suivant l'exemple du Patentamt allemand, section des
demandes, section des annulations, révocation, dépossession (etc) et section des Recours (art. 36). L'appel

des décisions de la section des demandes est porté à
la section des recours. Quant à l'appel contre les décisions de la section des annulations il est de la compétence
d'une cour suprême, dite cour des brevets. Cette cour
est encore composée de magistrats et de techniciens,
ces derniers siégeant à titre de conseillers.

Aux termes de l'art. 1 sont placées sous la protection de la loi, les inventions nouvelles, susceptibles
d'une application nouvelle. Cependant sont exclues de
la protection : 1° les inventions dont le but ou l'usage
est contraire aux lois, immoral ou nuisible à la santé
ou qui visent évidemment à induire le public en erreur ;
2° les théorêmes ou principes scientifiques ; 3° les inventions dont l'objet est réservé à un monopole de l'Etat ;
4° les inventions consistant en des aliments ou objets de
consommation pour l'espèce humaine, médicaments,
désinfectants, ou matières obtenues par moyens chimiques en tant que les inventions, aliments ou objets de
consommation et matières obtenues par des moyens
chimiques ne se rapportent pas à un procédé technique déterminé pour la fabrication de tels produits
(art. 2.).

L'art. 3 ajoute, à propos du caractère de nouveauté :
« une invention n'est pas nouvelle si, avant la date du
dépôt de la demande : 1° elle a été décrite dans un imprimé rendu public, et suffisamment explicite pour les
gens du métier ; 2° si elle a été utilisée, mise en vue
ou présentée *dans le pays* d'une manière assez publi-

que pour que son utilisation par des personnes exper-
tes en la matière soit rendue possible ; 3° si elle fait
l'objet, sur le territoire auquel s'étend la loi, d'un privilège en vigueur, tombé ensuite dans le domaine public.» Le gouvernement est autorisé à considérer comme
non avenue la publicité légale d'un brevet étranger,
mais l'inventeur devrait déposer sa demande en nouveau brevet dans les six mois au plus tard à dater de
cette publication. D'ailleurs le gouvernement a le choix
de déterminer le délai dans les limites du maximum.

Le brevet est accordé à l'inventeur véritable ; mais
le premier déposant est considéré comme tel jusqu'à
preuve contraire (art. 4). L'ouvrier, employé, fonctionnaire est considéré comme l'auteur des inventions faites
pendant son service, à moins de conventions spéciales.
Toutefois de telles conventions devraient assurer à
l'ouvrier inventeur un profit équitable, sous peine de
nullité (art. 5).

La demande tendant à l'obtention d'un brevet
pour une invention doit être déposée par écrit au
bureau des brevets ; ce dépôt peut être effectué par
remise directe ou par la poste, (art. 48). La demande
ne saurait s'appliquer qu'à une seule invention principale (art. 9). Elle doit contenir les noms, prénoms, profession, adresse du requérant ou mandataire, formuler
une revendication du privilège et avoir un titre (art. 50).
Le requérant y joindra une description détaillée en
deux exemplaires, et les pouvoirs des mandataires, s'il

y a lieu (art. 51). La date du dépôt de la demande a une grande importance, en ce qu'elle donne au requérant un droit de priorité sur son invention. A partir de cette date il jouit de la préférence à l'égard de toute autre invention ayant fait l'objet d'une demande postérieure (art. 54).

Le bureau examine la requête. Au cas où elle ne serait point régulière, ou si l'invention n'est pas brevetable, le requérant est invité à remédier aux défectuosités ou à fournir ses explications. Après réception de la réplique, la section des demandes, prononce sur la demande (art. 55-56).

Au cas d'acceptation de la demande, publication en est faite et tout intéressé peut consulter le dossier au bureau des brevets. Cette publication peut cependant, être différée de six mois à partir de la décision ordonnant la publication, sur requête de l'intéressé (art. 57).

Ainsi il est permis aux tiers de faire opposition à la délivrance. Leur opposition doit être déposée au bureau des brevets. L'opposition est possible, uniquement dans les hypothèses énumérées par la loi dans son art. 58. Elle ne peut être fondée que sur les affirmations suivantes, reposant sur des faits précis : 1° Que l'objet n'est pas brevetable. 2° Que dans son essence, l'invention concorde avec une invention ayant fait précédemment dans le pays l'objet d'une demande de brevet, d'un brevet ou d'un privilège. 3° Que le requérant n'est pas l'auteur de l'invention ou son ayant-cause ou qu'il

ne doit pas être considéré comme tel. 4° Que le contenu essentiel de la demande contestée a été emprunté
aux descriptions, dessins, modèles, instruments ou dispositions d'un tiers, ou à un procédé employé par lui,
sans son consentement. Mais est seul en droit de faire
opposition dans le cas prévu sous le numéro (3), l'auteur de l'invention ou son ayant-cause, et dans le cas
prévu sous le numéro (4) la personne lésée dans ses
droits (art. 58).

Antérieurement à cette procédure d'opposition, le
bureau des brevets devait bien, comme nous avons eu
l'occasion de le dire, examiner la forme et le fond de
la requête, mais cet examen de fond avait un domaine
restreint, et ne s'étendait qu'aux seules conditions
énumérées par les 3 premiers articles de la loi (caractère industriel, nouveauté, et restrictions de l'art 2).
Et en dehors de cette extension, l'opposition, même au
cas où l'examen du bureau était possible, est un recours
toujours utile, en ce qu'elle met en présence les diverses parties intéressées.

Si le brevet est accordé, il a pour effet de confirmer
au titulaire le droit exclusif de se livrer dans l'exercice
de son exploitation à la mise en vente ou à la production, utilisation ou mise en circulation de l'objet. Si
le brevet est délivré pour un procédé, son effet s'étend
aussi aux produits directement obtenus par ce procédé
(art. 8). Toutefois le brevet ne produit pas son effet
contre celui qui, au moment du dépôt de la demande,

avait déjà de bonne foi utilisé l'invention dans le pays, ou pris des mesures nécessaires pour son utilisation. Ce droit ne peut être transmis qu'avec l'établissement où la fabrication est faite (art. 9). Cette hypothèse se conçoit par exemple quand dans les cas prévus par l'art. 58 par. 3 et 4, l'opposition aboutit au retrait et que le bénéficiaire de cette décision obtient sa subrogation dans les droits du demandeur écarté.

La durée du brevet est de quinze ans à partir de la date où la demande de brevet est publiée dans le *Journal des brevets* (art. 14). Les taxes sont de dix florins lors du dépôt, et chaque année d'une redevance progressive de 20, 25, 30, 40 florins (etc.).

A côté des brevets proprement dits, l'Autriche reconnaît les brevets additionnels, qui ont la même durée que les brevets principaux auxquels ils se rapportent, et des brevets de transformation pour les titulaires d'anciens privilèges qui désirent profiter de la législation nouvelle.

La loi s'est aussi occupé en détail des actions en nullité. Elle énumère deux cas seulement de nullité : 1° Quand l'objet n'est pas brevetable aux termes des articles 1, 2, et 3 ; 2° quand l'invention fait l'objet d'un brevet ou d'un privilège en faveur d'un déposant de date antérieure. La déclaration de nullité, passée en force de chose jugée, remonte à la date de la demande du brevet (art. 28). Nous savons que les questions de nullité sont de la compétence de la section d'annulation du bureau des brevets, avec recours devant la Cour des brevets.

L'art. 29 détermine les cas de dépossession ; ces cas, au nombre de deux, supposent une usurpation des droits des tiers, droits que les intéressés, mais eux seuls ou leurs ayants cause, peuvent légitiment revendiquer. S'ils ont gain de cause, ils peuvent même obtenir que le brevet soit transféré à leurs personnes. Aux termes de l'art. 29, le breveté est dépossédé du brevet quand il est prouvé: 1° Que le breveté n'est pas l'auteur de l'invention ou son ayant-cause ou qu'il ne doit pas être considéré comme tel; 2e Que le contenu essentiel de la demande de brevet a été emprunté, sans autorisation, aux descriptions, dessins, modèles, instruments ou dispositions d'un tiers, ou à un procédé employé par lui.

V. — Législation suisse.

Nous avons vu que la Suisse avait adopté le régime de la protection des inventions industrielles mais tardivement. Nous savons également comment jusqu'à ces dernières années, le besoin de protection de l'invention industrielle ne s'y était pas fait sentir, par suite de la division du travail qui donnait à l'industrie nationale une supériorité incontestable.

Bientôt les nations voisines ne tardèrent pas à ébranler cette supériorité. La division du travail y fut également appliquée, et la sollicitude de ces nations à l'égard des inventeurs menacèrent l'avenir de l'horlogerie suisse.

La Constitution ne permettait point à l'Assemblée fédérale de s'occuper de cette question. Il fallait un *referendum*, une autorisation spéciale du peuple suisse, pour donner les pouvoirs nécessaires aux représentants du pays. Une première tentative fut faite dès 1882, sans résultats. Ce ne fut qu'en 1887 qu'un projet d'extension de la compétence de l'Assemblée fédérale fut présenté au peuple et voté à une forte majorité.

L'extension accordée par référendum ne s'étendait pas à la protection des inventions industrielles de toute espèce, et par suite la loi qui suivit devait nécessairement avoir un domaine restreint. Cette limitation eut son origine dans l'opposition très vive faite par l'industrie chimique, aux projets de réforme, opposition qui parvint à triompher en fin de compte.

La loi fondamentale prend date au 29 juin 1888. Une nouvelle loi du 23 mars 1893, rectifia certains points de détail. Deux autres du 27 novembre 1894 et du 6 septembre 1895, ont stipulé certaines règles spéciales pour les inventions faites par les fonctionnaires de l'État. Citons aussi une réglementation du 10 novembre 1896. Enfin l'autorité exécutive a fait paraître divers arrêtés complémentaires, du 31 août 1894, et du 30 juillet 1897.

Une invention est brevetable si, évidemment, elle se rapporte à l'industrie, et si elle est véritablement nouvelle (art. I), mais encore l'invention doit rentrer dans le cadre étroit de la loi du 29 juin 1888.

Une invention est réputée nouvelle à moins qu'elle ne soit connue en Suisse (art. 2). La Nouveauté a un caractère national et l'invention fût-elle déjà répandue ou même exploitée en dehors des frontières ne saurait être un empêchement légitime à la délivrance du brevet. Le seul effet, au cas d'exploitation, serait de restreindre le monopole du breveté, par cela même que l'industriel qui aurait exploité à l'étranger ou tout au moins fait les préparatifs nécessaires à l'exploitation antérieurement au dépot de la demande, pourrait également exploiter sur territoire suisse.

Enfin la loi n'accorde la protection que pour les inventions représentées par des modèles ; ainsi ne sont pas brevetables « les combinaisons de forces naturelles en vue de l'obtention d'un résultat technique, les créations techniques tendant par des moyens déterminés à un résultat technique ». Ainsi l'industrie chimique obtenait satisfaction (art. 1).

Cependant la loi ne veut pas dire que la production d'un modèle est indispensable, mais bien que seules les invitations susceptibles d'être ainsi produites, peuvent être brevetées. Divers arrêtés du conseil fédéral ont stipulé les inventions pour lesquelles cette production serait nécessaire ; ce sont en général des inventions de compréhension difficile, ou constituant un objet de transport aisé et peu encombrant. Pour les inventions qui n'entreraient pas dans cette nomenclature, le demandeur pourra se contenter de fournir une photographie, une représentation plastique de son œuvre, pour prouver qu'elle est bien en conformité avec la loi.

Ajoutons une exception à ce principe. Une invention, quoique non brevetable d'elle-même, pourrait l'être, si elle était accompagnée d'un appareil spécial pour sa fabrication ou sa mise en œuvre, qui lui-même rentrerait dans les limites de la loi. En ce cas, elle serait considérée comme le corollaire de l'appareil, objet principal.

Le requérant adresse sa demande au bureau de la propriété industrielle ; (ce bureau depuis la loi du 23 mars 1893 est appelé bureau de la propriété intellectuelle). La demande est signée par l'intéressé ou son mandataire ; mais si l'intéressé n'avait pas de résidence personnelle en Suisse, il devrait être représenté par un mandataire satisfaisant à ces conditions. Ainsi, tout inventeur, quel qu'il soit, est capable de formuler une requête (art. 11).

La requête est rédigée en français, italien ou allemand et doit contenir une énumération précise des divers caractères de l'invention. Il y sera joint obligatoirement une description détaillée, et les dessins que le demandeur croira utiles. Enfin un bordereau doit présenter une table analytique des pièces fournies, sorte de table des matières (art. 14).

Le requérant doit verser un droit de délivrance, avec paiement préalable. Ce droit est d'une somme fixe de quarante francs. En sus, il est encore astreint à un versement d'une taxe annuelle, également payable d'avance. Cette taxe présente un caractère progressif, la première année de vingt francs, la seconde de trente, la troisième de quarante francs, et ainsi de suite ; il peut cependant, pour les annuités, obtenir une autorisation spéciale, lui permettant d'en différer le paiement jusqu'au commencement de la quatrième année, mais à ces deux conditions nécessaires, que l'inventeur soit domicilié en Suisse et qu'il soit notoirement sans ressources (art. 8).

Le bureau fédéral examine la régularité de la demande, s'il y a un titre, une description annexée, si la preuve que l'invention peut être représentée par un modèle est fournie. Il peut même apprécier le fond de la demande, et voir si les diverses conditions de brevetabilité de l'invention sont vraiment réalisées ; il peut enfin se renseigner sur l'utilité et la valeur de l'objet. Mais, tandis que, au cas d'irrégularité de la demande, il doit inviter l'exposant à modifier la procédure, sous peine de rejet, s'il s'agit d'une question de fond, il se borne à conseiller l'intéressé à opérer les réformes qui lui semble nécessaires, sans aucun pouvoir de décision. Dans cette dernière hypothèse, le bureau se contente de prévenir le requérant des vices qui pourraient dans la suite légitimer une demande en nullité : (art. 10-17).

Le requérant a la faculté de se faire délivrer un brevet provisoire. Ainsi il pourra, sans craindre désormais la divulgation de son invention, parfaire son œuvre, et satisfaire entièrement aux diverses conditions de brevetabilité. Par exemple si son œuvre n'était pas encore représentée par un modèle, dans le cas où la production du modèle est indispensable, il pourrait ainsi se procurer ce modèle. Les brevets provisoires ont une durée maxima de trois ans. Le requérant dépose une demande suivant la procédure ordinaire et conserve durant ce délai le droit d'en rectifier les données et d'exiger un brevet définitif. Le brevet provisoire reste secret et par suite les tiers ne sauraient être poursuivis pour délit de contrefaçon (art. 16).

Le brevet est soumis à une grande publicité. Tout objet doit être marqué d'une croix avec le numéro du brevet, et si la nature de l'objet ne le permettait pas, la marque devrait être apposée sur l'emballage. S'il n'en était pas ainsi, les effets du privilège seraient suspendus, et la contrefaçon licite (art. 20). En dehors de ce mode de publicité le bureau fédéral doit chercher les moyens les plus favorables à la divulgation du brevet. L'examen des pièces déposées sera à la disposition du public. De plus, le titre de l'invention, le numéro du brevet, l'adresse des titulaire et mandataires sont portés à la connaissance des intéressés par imprimés.

Le breveté peut requérir un sursis de six mois pour la publicité de son brevet. Ainsi, il pourra plus aisément obtenir la protection des États étrangers, sans se voir opposer le manque de nouveauté de son œuvre (art. 23).

Les causes de nullité du brevet sont au nombre de quatre. Tout intéressé pourra les faire valoir et obtenir en sa faveur un jugement déclarant le brevet nul et non avenu : Le brevet est nul : 1° si l'invention est dépourvue de nouveauté ou de caractère industriel ; 2° si le titulaire du brevet n'est pas l'inventeur ou son ayant-cause régulier ; 3° si le titre est inexact ou frauduleux ; 4° si la description est insuffisante à donner une connaissance complète de l'invention à un homme du métier. Le deuxième cas est le plus intéressant, en ce qu'il nous montre que le brevet est accordé au véritable inventeur, à l'instar de la plupart des législations étrangères. Mais le breveté est présumé être le véritable inventeur et c'est au poursuivant à prouver le bien fondé de sa prétention.

Enfin disons que le brevet peut être l'objet d'une expropriation publique, moyennant une juste indemnité. De son côté, le titulaire peut renoncer à son privilège, mais indirectement il peut encore parvenir au même but, en refusant le paiement des taxes annuelles (art. 13).

CONCLUSION

Cette analyse succcessive des législations qui se sont diversement inspirées du principe de l'examen préalable, a pu nous montrer de façon positive le bien fondé de nos critiques : tout d'abord l'administration omnipotente, s'enquérant tant de la régularité de la demande que du fond même de la prétention émise, allant parfois jusqu'à l'appréciation de l'utilité économique de l'invention et de l'intérêt personnel de l'inventeur (Etats-Unis d'Amérique et Russie). Cette administration, sous quelque forme qu'elle se présente, que ce soit l'administration proprement dite ou un office spécial, n'a-t-elle pas toujours les mêmes défaillances et les mêmes ambitions ? Et au sujet de la valeur juridique de l'objet, malgré les connaissances scientifiques des représentants de l'autorité administrative, ne serait-il pas plus avantageux d'avoir recours à la sagacité des tiers intéressés dont l'intérêt est encore la sauvegarde la plus sûre des droits de la collectivité ? Sans doute on a tâché d'amoindrir la portée de cette objection en instituant la procédure provocatoire aux oppositions. Mais alors vous retirez au pouvoir judiciaire un des éléments

de son rôle, la protection de l'intérêt privé, au profit
d'une administration souvent servile.

Et qu'est-ce à dire alors, quand à côté de l'administration compétente, on a laissé à l'autorité judiciaire une
part d'appréciation. Ce sont deux pouvoirs de nature
distincte, faits pour vivre côte à côte mais indépendants,
désormais unis dans une union dissolvante. Laissons
aux partisans de nos organisations politiques contemporaines le soin de répondre au système américain. Il
faut conserver au pouvoir judiciaire, cette appréciation
qui fait partie de son rôle. Que l'administration, à
l'exemple de notre loi de 1844, se contente d'un examen superficiel de la régularité de la demande, des
formalités d'enregistrement, mais laissons aux intéressés plus qualifiés qu'aucun autre l'initiative d'une déné-
gation du droit allégué.

Peu importe de créer une institution spéciale, un
bureau de brevets si les membres en sont inamovibles.
Nous aurons pour ainsi dire un tribunal d'exception,
analogue à nos tribunaux de commerce, mais offrant
les mêmes garanties que les tribunaux du droit commun : ainsi les magistrats seront moins portés à la
complaisance et moins soumis au favoritisme. Et si tout
litige relatif au brevet est uniquement de la compétence de
ce tribunal d'exception, nous n'aurons pas à regretter
des appréciations contradictoires émanant de pouvoirs
distincts. Nous laisserons le droit d'initiative aux par-
ticuliers, quand il s'agira de dénier la validité du pri-

vilège, les meilleures juges à notre sens, sauf toutefois à donner ce droit au Ministère public, dans les cas où l'intérêt public serait trop directement intéressé. Ce tribunal aurait même l'avantage d'être composé de magistrats plus spécialement compétents en matière de brevets, par suite de leur spécialisation.

La demande serait soumise, suivant le principe du non examen à une simple appréciation de sa régularité. Toutefois, avant la délivrance, nous pensons qu'il serait utile d'ouvrir une procédure d'opposition devant les tribunaux compétents, sans toutefois que cette faculté puisse empêcher, une fois le brevet délivré, d'intenter l'action en nullité : et ceci, comme nous l'avons dit précédemment, afin de ne pas restreindre arbitrairement les droits des tiers dans un délai trop court, dont peut-être ils n'ont pas eu connaissance, d'autant plus que le bureau des brevets n'ayant plus, dans notre théorie, la faculté d'apprécier lui-même l'invention, la garantie de l'intérêt public serait illusoire.

Cependant nous pensons qu'il conviendrait de mettre un terme à l'action en nullité. Si passé un délai de plusieurs années à compter de la délivrance, l'action en nullité n'a pas été intentée, ou a été intentée sans succès, il paraît logique de rendre désormais inattaquable le privilège de l'inventeur : Cette inaction est évidemment une reconnaissance tacite de la validité du brevet. Mais le délai ne devrait pas être limité trop étroitement. En 1858, une proposition de loi fut présentée au Corps législatif. Entre autres réformes elle tendait à corriger cette incertitude que le système d'examen laisse planer sur le brevet : après deux ans de mise en exploitation, le breveté pouvait demander confirmation de son privilège. La demande en était faite au Ministre du Commerce, qui, ne devait se prononcer qu'après avis d'un comité spécial. Avant toute décision, le droit d'opposition était ouvert aux tiers. En cas d'opposition, l'opposant devait porter devant le tribunal une demande en nullité ou en déchéance. (Nouguier, *Brevets d'invention.* Appendice). Nouguier, dans sa critique, rejette formellement cette innovation. Mais la plupart de ses arguments tomberaient, si, au bout de ce délai de deux années, la confirmation était de droit au lieu d'être facultative, livrée à la seule appréciation du Ministre. Ainsi nous n'aurions pas à déplorer avec Nouguier, l'omnipotence d'une administration souveraine, la méconnaissance du principe de non examen, base de notre système français, l'empiètement du pouvoir exécutif dans le domaine du pouvoir judiciaire, la distinction préjudiciable des brevets confirmés et de ceux qui ne le sont pas. Cette critique n'aurait plus sa raison d'être, si, au bout de tel délai, l'action en nullité était déclarée purement et simplement irrecevable. Les tiers n'auraient pas à se plaindre puisque cette confirmation serait la simple conséquence de leur inaction inexplicable. Les seules conditions seraient d'as-

surer aux brevets une publicité des plus larges, et de
donner aux tiers un délai raisonnable pour faire valoir
leurs droits. Et l'intérêt public a encore une dernière sauvegarde, en ce que nous admettons le Ministère public à agir comme partie principale dans certains
cas où cet intérêt se trouve particulièrement engagé.
Nous trouvons une prescription analogue dans la législation Allemande (loi de 1891). (L'action en nullité est
prescrite 5 ans après la publication de la délivrance).

Par contre, il serait aussi utile de donner aux jugements intervenus et prononçant la nullité du brevet une
portée générale. Dans notre législation actuelle, les
jugements n'ont qu'un effet relatif entre les parties mises
en cause, à moins que le ministère public, soit comme
partie principale, ou partie intervenante, n'ait requis un
jugement de portée absolue. Il nous paraît préférable
d'étendre cet effet à tous jugements prononçant la nullité, sauf à prendre certaines précautions afin d'assurer autant que possible une juste appréciation. De la
sorte nous n'aurions plus à regretter de nombreux
procès en vue d'une question désormais indiscutable.
La législation belge nous offre un exemple de ce système, en ne faisant au point de vue de la portée des
jugements aucune distinction entre la nullité et la déchéance.

Le brevet sera à l'inventeur ou à celui qui se prétend tel, et non au premier requérant, peut-être
usurpateur. D'où il suit qu'une action en revendication

sera laissée au véritable inventeur, au cas de dépossession, avec faculté de subrogation. Notre jurisprudence a tenté d'étayer sur des bases juridiques cette
action en revendication. Quelque légitime qu'elle nous
semble, nous avons cru la rejeter sous notre législation actuelle.

Le brevet sera accordé à l'inventeur sans distinction
de nationalité. La Société doit récompenser indistinctement les travaux qui peuvent lui être utiles, non à
cause de l'individu, mais bien du service rendu. En retour, elle doit obliger le titulaire du privilège à exploiter son invention dans les limites de son territoire.

La publicité doit être large et à la portée de tous.
Doit-on la suspendre durant un certain temps, afin de
permettre à l'intéressé de prendre un brevet à l'étranger? Cette question a plutôt une importance théorique
depuis la Convention internationale de 1883. Cependant,
elle est importante. Car la publicité fait perdre le caractère de nouveauté de l'objet, et rend l'invention non
brevetable dans certains pays étrangers, à moins que
ces Etats ne fassent partie de l'Union Internationale. La
proposition de loi de 1858 suspendait la Publicité durant les six mois du dépôt. Nouguier approuve cette
modification et demande que ce délai soit porté à un
an. (Voir *Brevets d'invention*. Appendice, page 88.7°).

Cet inconvénient se retourne, en ce que parfois le
breveté étranger ne peut l'être en France. Car, comme
précédemment, le plus souvent la délivrance d'un bre-

vet à l'étranger, par suite de la publicité qui en résulte, supprime au regard de notre législation le caractère essentiel de nouveauté.

Il conviendrait pour ne pas se heurter à cet inconvénient dû à une conception d'une logique trop rigoureusement théorique, d'emprunter à nos voisins de Belgique, d'Italie, et de plusieurs autres Etats Européens ou d'Amérique, l'institution des brevets d'importation. Sans doute il ne s'agit pas en hypothèse de rétablir les brevets de ce nom, que nos ancêtres de la Constituante, crurent devoir inscrire dans nos lois. Nous ne demandons nullement pour le premier importateur d'une invention déjà ancienne une récompense nationale ; ce serait une prime à la course, et le pays n'a pas d'obligation proprement dite pour une importation aussi facile, surtout à une époque de communications incessantes et journalières entre peuples civilisés. Nous parlons uniquement d'un droit de monopole en faveur d'un breveté étranger, malgré la publicité ou la divulgation antérieure, pourvu que la requête en soit faite dans un temps déterminé.

Les conventions internationales y suppléent généralement, mais ne conviendrait-il pas d'admettre formellement cette extension de la protection des inventions industrielles ? Car nous rendons responsable un individu de la teneur d'une législation extérieure, et parce que tel ou tel pays n'a pas cru devoir suspendre la publicité pendant un certain temps, nous lui refusons

tout brevet, pour l'admettre dans l'hypothèse contraire.
Mais enfin peut-on vraisemblablement lui faire supporter les conséquences de cette diversité législative.
Raisonnablement, ou l'invention est digne d'appeler
l'attention du législateur ou elle ne saurait l'être, mais
enfin ce n'est pas cette publicité officielle qui saurait
amoindrir le droit de l'inventeur. C'est peut-être une
conséquence logique des principes de la matière, mais
ce ne saurait être d'une pratique satisfaisante. Aussi
admettons-nous les brevets d'importation tels que les
conçoivent certaines nations contemporaines, au sens
moderne du mot. Cependant il y aurait exception au
cas où l'invention serait déjà exploitée sur le territoire national.

Nous devons aussi dire un mot des brevets provisoires ; sans publicité assurant à l'intéressé le seul droit
de priorité, en dehors de toute faculté d'exploitation
exclusive, ce brevet tend à fournir à l'inventeur déjà
en possession de sa découverte, mais dont la compréhension ne lui en semble pas complète, un droit
de préférence à l'encontre des tiers. Cette préférence sera temporaire, d'une année par exemple,
à l'expiration de laquelle le breveté sous peine de
perte de cette priorité devra se faire délivrer un brevet pur et simple.

Cette idée nous paraît assez légitime. Cet inventeur
est bien réellement le vrai créateur de l'invention nouvelle. Le premier il en a découvert l'ébauche, dont les

Troussel   11

perfectionnements ultérieurs en seront les déductions
ou applications faciles. Il convient de lui conserver ce
privilège de priorité. On peut objecter que cet intéressé aura devant lui le procédé du perfectionnement ;
sans doute, mais par ce système il devra payer les
redevances annuelles, et peut-être son invention n'est-
elle suffisamment éclaircie pour en permettre une
exploitation lucrative ; son brevet sera aussi l'objet
d'une publicité officielle, et par suite, l'inventeur,
obligé de hâter la prise du brevet principal, par
crainte de se voir devancer par un concurrent plus
actif, aura encore à redouter, à l'expiration de l'année
privilégiée, une concurrence nouvelle dont il aura été
le promoteur par suite de la publication de son
ébauche. Comme juste récompense de la découverte,
et pour ne pas obliger l'inventeur prudent à divulguer
par ce fait même son œuvre secrète, l'institution des
brevets provisoires nous paraît d'une réelle utilité.
Peut-être, dira-t-on, cette institution peut se comprendre sous le régime qui délivre le brevet au
premier requérant, mais sous le régime qui en gratifie
l'inventeur, elle perd tout son poids. Théoriquement le
raisonnement nous semble juste, mais en pratique en
sera-t-il toujours ainsi ? L'inventeur sera encore porté
à demander un brevet le plus tôt possible, car malgré
les précautions légales et le droit d'opposition à la
délivrance ou de nullité qu'il pourrait avoir, l'aléa de
la poursuite est toujours incertain, devant la difficulté

de la preuve. Les brevets provisoires ont été admis par plusieurs nations industrielles. Les Etats-Unis lui ont donné un nom particulier, ce sont les *caveats*.

En terminant, ajoutons qu'il conviendrait d'emprunter à nos voisins d'Allemagne, dans le but de supprimer un grand nombre de litiges, leur mode de définition précise et indiscutable de ce qu'ils entendent par caractère de nouveauté de l'objet. En donnant liberté entière d'appréciation au Juge, nous laissons planer sur le privilège une incertitude fâcheuse, dûe aux variations de la jurisprudence. Cette réforme adoptée par la plupart des Etats devrait être une des premières à intéresser notre législateur.

TITRE III

Des brevets en droit international.

I

L'art. 27 de la loi du 5 juillet 1844 donne la faculté aux étrangers d'obtenir en France des brevets d'invention. Aux termes du droit commun, le juge eût été contraint de leur refuser cette faculté, puisque, d'après une jurisprudence constante, l'étranger non admis au domicile légal, ne peut revendiquer en France que la jouissance des droits naturels ; et il est indéniable que dans notre droit français, l'on ne peut ranger parmi eux le droit à la protection industrielle : (Notre législateur a considéré la protection de l'invention, non comme un droit pour l'inventeur mais comme un privilège).

Sans doute l'étranger eût obtenu délivrance de brevet, le Ministre n'ayant pas à examiner les questions de fond de la demande, mais le brevet eût été vicié dès sa formation, du chef même de la nationalité étrangère du requérant.

L'art. 28 ajoute : « Les formalités et conditions dé-
terminées par la présente loi seront applicables aux brevets demandés ou délivrés en exécution de l'article précédent ». Ainsi, il y a assimilation complète entre l'inventeur français et l'inventeur étranger, et avec juste
raison, car la société doit récompense pour l'invention
fournie, le progrès réalisé, sans qu'elle ait à considérer la nationalité de l'individu.

Ceci ne veut pas dire d'ailleurs que l'étranger soit
libéré des autres exigences d'ordre général que le législateur a cru devoir lui imposer. Ainsi, s'il intente
contre un français une action en contrefaçon, il devra
préalablement fournir la *cautio judicatum solvi*.

L'art. 29 (loi du 4 juillet 1844), s'occupe de l'hypothèse
où un inventeur demande brevet en France après s'ê-
tre déjà fait breveter à l'étranger. Ce second brevet
peut être légalement obtenu (art. 29); cependant cette
hypothèse est presque irréalisable en pratique. Le
brevet doit, en effet, satisfaire aux conditions et formalités de la loi du 5 juillet 1844; il doit spécialement
s'appliquer à une invention nouvelle, inédite, et, en
l'espèce, l'invention aura perdu ce caractère de nouveauté, par suite de la publicité légale du brevet étranger. Le requérant n'aura plus, de la sorte, droit à la
protection légale sur le territoire français, à moins de
conventions spéciales entre nations (*Convention de
Paris*, 1883).

Certains auteurs ont tâché de corriger cette difficulté pratique, en distinguant la publication de la divulgation effective. Ce serait dans ce dernier cas seulement que le caractère de nouveauté serait perdu ; il ne suffirait pas que l'invention eût été portée à la connaissance du public, il faudrait que le public en ait une connaissance certaine, indiscutable, que l'invention soit au fait réellement divulguée. Cette doctrine est purement arbitraire. La loi ne fait aucune distinction entre les brevets proprement dits et les brevets d'importation au point de vue du caractère de nouveauté de l'invention, et il est admis unanimement que la simple possibilité de divulgation suffit pour rendre l'invention non-brevetable. Nous avons eu l'occasion de nous expliquer sur ce sujet dans notre étude de la législation française. Et d'ailleurs, comme le fait très justement remarquer M. Pouillet (Brevets d'invention n° 339), si l'on admettait cette doctrine. « Tout fait de publicité serait sujet à discussion ; on pourrait soutenir qu'il n'y a pas publicité alors même qu'un individu aurait pris connaissance du brevet, en arguant par exemple de ce qu'il est mort peu après en avoir pris connaissance ou de ce qu'il n'avait pas l'instruction nécessaire pour comprendre ». Ce serait évidemment une source intarissable de procès, et d'autant plus fâcheux, que les brevets en fournissent déjà un nombre considérable. Telle est aussi l'opinion de la jurisprudence. Un arrêt de la Cour de cassation du 9 décembre 1867 se prononce formellement à cet égard.

« Attendu que, la loi n'ayant pas défini les caractères légaux de la publicité antérieure à laquelle est attachée la nullité du brevet d'invention, admet par cela même tous les modes de divulgation sans excepter celle qui résulterait de l'accomplissement des formalités requises pour l'obtention d'un brevet en pays étranger, sous l'unique condition que cette publicité soit suffisante pour que l'invention puisse être exécutée ».

Enfin, s'il pouvait rester quelque doute sur une question aussi simple, les travaux préparatoires de la loi du 5 juillet 1844 suffiraient à nous fournir une réponse péremptoire. Le rapporteur s'exprimait ainsi, à la chambre des députés : « Il y a des nations chez lesquelles, les spécifications sont publiées ; pour celles-ci, il est évident que les brevetés étrangers ne pourront venir demander chez nous un brevet utile; à l'égard des nations chez lesquelles les descriptions restent secrètes l'invention peut demeurer secrète, et par conséquent il peut être obtenu un brevet en France ».

On a prétendu, au point de vue des brevets d'importation, faire une différence entre l'inventeur de nationalité française et l'inventeur étranger. Ce dernier seul aurait la faculté d'obtenir un brevet en France après avoir eu recours antérieurement à la protection étrangère (sauf évidemment les restrictions d'ordre général). Quant à l'inventeur français, la Société n'aurait pas à le récompenser d'avoir préféré favoriser une nation étrangère au détriment de nos propres inté-

rêts. Et puis, ajoute-t-on, l'article 29, dont nous ana-
lysons les termes, se trouve au titre III, sous la rubrique (des droits des étrangers), ce qui nous montre que
cet article ne saurait s'appliquer aux nationaux.

Cet argument ne nous semble pas bien digne d'intérêt. L'article 29 est compris dans le titre III, parce
que le législateur a statué suivant le principe *de eo
quod plerumque fit.* Le plus souvent, le brevet d'importation sera demandé par un étranger, et cette hypothèse était d'autant plus vraisemblable, au milieu du
siècle, alors que l'émigration française était insignifiante.
De plus les termes de l'article 29 sont généraux, sans
distinctions, sans réserves. « L'auteur d'une invention »,
l'auteur quel qu'il soit, sans considération de nationalité.

Et même, logiquement, serait-il raisonnable de créer
cette déchéance? Savons-nous les raisons qui ont pu
porter l'inventeur à préférer la protection étrangère?
Peut-être a-t-il dans ce pays une exploitation fructueuse, y habite-t-il lui-même, peut-être aussi a-t-il
trouvé à l'étranger les capitaux nécessaires à son
entreprise, tandis qu'il a pu se buter chez nous à une
indifférence trop souvent décourageante. Le rapporteur de la loi à la Chambre des députés affirma notre
solution en termes précis : « M. Bethmont, disait-il,
paraît croire que le droit de prendre un brevet en
France n'existe pas en faveur du Français déjà breveté
ailleurs. C'est une erreur. Le principe général posé au

commencement de la loi veut que tout français puisse
être breveté pour toutes inventions nouvelles dont il
est l'auteur, en quoi qu'elles consistent. Le Français est
sous la tutelle de ce principe général, qu'il soit breveté ou non en pays étranger ; pour qu'il en fut autrement, il faudrait une prohibition ». Voir discussion, loi
1844. Huard, page 35).

Mais ici se greffe une nouvelle difficulté. Le brevet
pris en France par un Français déjà breveté est-il un
brevet d'importation? Pour l'étranger la question ne
fait aucun doute; les termes de l'art. 29 sont formels
et absolus. Pour le Français, il semble résulter du
rapport cité plus haut que le droit qu'a le Français de
prendre un second brevet en France, découle non de
l'art. 29 mais des principes généraux de la loi. De
plus, ajoute-t-on, si l'art. 29, ne contient aucune prohibition à l'égard de l'inventeur français, il paraît
résulter de son titre qu'il s'applique seulement aux
étrangers.

La solution contraire nous paraît préférable. Comme
nous le disions précédemment le législateur a statué
de eo quod plerumque fit ; il a compris l'art. 29 dans
le titre III, parce que ce sera le plus souvent un
étranger qui fera la demande, d'autant plus que les
termes de l'article sont généraux. Et puis, comme le
fait justement remarquer M. Pouillet. « Pourquoi dans
un cas identique distinguerait-on ? Pourquoi supposer
au législateur un semblable besoin de compliquer

la loi sans nécessité (Pouillet. *Brevets d'invention*, n° 336).

Cette controverse est d'autant plus importante que les brevets d'importation sont soumis à certaines restrictions. Le brevet d'importation ne doit pas avoir une durée excédant celle du brevet pris antérieurement à l'étranger (art. 29).

Quel est bien le sens de cet article (29). Evidemment, il ne saurait y avoir difficulté, si le brevet étranger est arrivé à son terme légal : Le brevet français disparaît avec lui. Mais en est-il de même si le brevet étranger disparaît par suite de nullité ou déchéance ?

M. Bédarride se prononce pour l'affirmative : « l'art. 29 n'est à ce sujet ni limitatif, ni restrictif. Le motif qui l'a fait consacrer conduit à cette conséquence que pour quelque cause qu'elle soit amenée, l'expiration du brevet étranger détermine celle du brevet français ». Bédarride n° 348. Le motif auquel Bédarride fait allusion nous est indiqué dans le rapport de M. Philippe Dupin à la chambre des Députés : « Il ne faut pas qu'une invention puisse être en France l'objet d'un monopole quand elle peut être librement exploitée à l'étranger ». Nous préférons l'opinion contraire car il nous semble avec M. Ch. Lyon-Caen que « cette argumentation est au moins spécieuse. L'art. 29 a eu pour but de reproduire la disposition de l'art. 9 de la loi du 7 janvier 1791, qui attribuait aux brevets français (dits d'Importation) la même durée qu'aux brevets étrangers.

Or il paraît constant que la loi de 1791 n'a jamais été
entendue dans le sens large et absolu qu'on prétend
assigner à la loi de 1844 ». Et quant aux motifs
contenus dans le rapport de Dupin « ils ne peuvent pas,
nous dit le même auteur, servir de base à un raisonnement; ils conduiraient à décider qu'une personne ne
peut se faire breveter en France sans avoir reçu des
brevets dans *tous* les pays où il en existe ». (Ch. Lyon-
Caen note sous arrêt du 30 mai 1879, Sirey 1880. 2. 33).
Voir même sens, Pouillet 343, 1 is. Nous conclurons
que le brevet français n'est nullement solidaire du brevet
étranger, et qu'il ne subit le contre-coup de l'expiration du brevet étranger, qu'au seul cas de fin normale
de ce brevet.

Ainsi, l'inventeur déjà breveté à l'étranger, quel qu'il
soit, français ou étranger, peut obtenir un brevet en
France, mais uniquement un brevet d'importation (art.
29). Il faut remarquer que cette restriction ne lui est
imposée qu'au cas où son invention est brevetée à l'é-
tranger, c'est-à-dire au cas où cette invention est
déjà l'objet d'une protection analogue à celle de nos
brevets. Il ne suffit pas d'une protection quelconque,
mais bien d'une protection lui permettant une exploitation privilégiée de son œuvre. Peu importe la dénomination de ce privilège, que ce soit une patente ou un
brevet, la nature de la protection seule est à considérer. « Pour que l'art. 29 s'applique, nous dit M. Ch.
Lyon-Caen, il faut que, grâce au titre qui lui a été pré-

cédemment délivré dans un pays étranger, l'inventeur
y jouisse d'un droit privatif d'exploitation ayant le même
caractère que le droit exclusif attaché en France aux brevets. L'art. 29 ne saurait s'appliquer à l'inventeur qui,
avant de réclamer un brevet en France, a déposé une
description provisoire en Angleterre et a négligé de
déposer une description définitive afin de se faire délivrer une patente ». Lyon-Cæn. Sous arrêt 30 mai
1879. Sirey 1880, 2.33. De même par exemple pour le
caveat aux Etats-Unis. Ce brevet ne permet point une
exploitation exclusive ; son but est uniquement de conserver le droit de priorité de l'inventeur. L'art. 29 ne
saurait s'appliquer.

II. — Convention de 1883.

*Créant une union Internationale pour la protection
de la propriété industrielle.*

Lors de l'Exposition de 1878, un Congrès de la propriété industrielle fut réuni. Ce Congrès après avoir
longuement discuté les questions se rattachant à la
propriété industrielle, envoya une délégation au Ministre du Commerce français pour le prier de prendre
l'initiative d'une réglementation internationale.

Deux conférences s'ouvrirent bientôt à Paris, la première en 1880, la seconde en 1883; cette dernière

aboutit à la Convention actuelle. Cette unification est
d'ordre général, s'appliquant aux marques, modèles et
dessins aussi bien qu'aux brevets d'invention. Toutes
les nations sont admises à faire partie de l'Union, par
une simple notification de leur intention entre les
mains du gouvernement Suisse. Contrairement, les
adhérents ont la faculté de se retirer ; ils doivent, en
ce cas, avertir également le gouvernement suisse et
ils deviennent libres de tout engagement, de plein
droit, une année après leur dénonciation.

A Berne, un bureau International centralise les renseignements utiles, et publie une feuille en langue française ; mais ce bureau ne jouit d'aucune compétence
administrative ou judiciaire. En outre l'art. 2 du protocole de la Convention instituait dans chacun des Etats
adhérents un service spécial de la propriété Industrielle, un bureau central pour la communication des
brevets, marques et dessins, et un journal périodique.
Cette réforme n'a pas encore été opérée chez nous.

La Convention, soumise à nos Chambres, fut adoptée
sans discussion et le décret de promulgation parut en
date du 7 juillet 1884.

Cette Convention nous semble présenter une lacune
dans son principe. Au point de vue des personnes auxquelles elle s'applique, elle répond : « les citoyens ou
sujets de chacun des Etats contractants, jouiront dans
tous les Etats de l'Union des avantages que les lois
respectives accordent actuellement ou accorderont

dans la suite aux nationaux » (art. 2). Ainsi nous sommes
en présence d'une assimilation complète des étrangers
aux nationaux, ce qui peut parfois aboutir à une injustice
flagrante. A notre époque, les Pays-Bas ont renoncé à
protéger l'invention industrielle, et cependant font
partie de l'Union. De la sorte, les Hollandais jouissent
en France d'un droit d'exploitation privilégiée de leurs
inventions, tandis que les Français ne sauraient exiger
du gouvernement Hollandais une protection désormais
abolie. Il semble préférable d'adopter le régime de
la réciprocité. Il est vrai que les contractants avaient
espéré que les divers Etats jusqu'ici soumis au seul
principe de la libre concurrence, ne tarderaient pas à
créer en matière de propriété industrielle une législation protectrice.

L'art. 3 de la convention assimile aux nationaux et
aux étrangers faisant partie de l'Union, les citoyens
ou sujets n'en faisant pas partie, mais qui sont domi-
ciliés sur le territoire d'un des États contractants ou
y possèdent des établissements industriels ou commerciaux. Sans doute, dans ce dernier cas, il ne suffit
pas, comme le font bien remarquer MM. Cahen et
L. Lyon-Caen, d'une exploitation insignifiante, il faudra une exploitation véritable, et si l'inventeur
bénéficiaire de l'art. 3, « se livre à une apparence de fabrication, il pourra se voir refuser le bénéfice de cet article, car il y aura là une fraude, qui
n'est pas protégée par la convention ». (Voir Cahen

et L. Lyon-Caen. *De la convention internationale pour la protection de la propriété industrielle*).

Les conférences de Rome (1886), et de Madrid (1890 et 1892) se sont occupées de cette hypothèse.

Les délégués ont pensé avec raison qu'il convenait de préciser les divers cas où l'étranger serait appelé au bénéfice de la Convention : Exploitation sérieuse et exploitation insuffisante sont souvent des situations délicates à distinguer.

Pour éviter cette incertitude, la conférence de Rome (1886), proposait la rédaction suivante : « Pour pouvoir être assimilés aux sujets ou citoyens des Etats contractants, aux termes de l'art. 3, de la convention, les sujets ou citoyens ne faisant pas partie de l'Union et qui, sans y avoir leur domicile, possèdent des établissements industriels ou commerciaux sur le territoire de l'un des Etats de l'Union, doivent être propriétaires desdits établissements, y être représentés par un mandataire général, et justifier, en cas de contestation, qu'ils exercent d'une manière réelle et continue leur industrie ou commerce ».

Ce nouveau texte, ne fut pas adopté, la conférence de Rome, n'ayant pu aboutir. Quoiqu'il en soit, il ne parut pas une barrière suffisante à la mauvaise foi, car prétendait-on l'étranger pouvait facilement créer sur le territoire d'un des Etats de l'union une industrie de pure forme, dans le but de satisfaire apparemment à l'esprit de la loi.

La conférence de Madrid de 1891 s'inspirant de ces critiques, proposa en fin de compte le texte suivant : « Est assimilé aux sujets ou citoyens des Etats Contractants, le sujet ou citoyen d'un Etat ne faisant pas partie de l'Union, qui est domicilié ou possède ses PRINCIPAUX établissements, industriels ou commerciaux, sur le territoire de l'un des États de l'Union ». Cette réforme n'a aucune importance pratique en France. En effet cette réforme n'a jamais été ratifiée par notre gouvernement, les propositions de la conférence de Madrid n'ayant été que partiellement admises par nos Chambres (loi du 13 avril 1892, Décret du 15 juillet 1892).

L'art. 2 ajoute que les Etrangers devront accomplir les formalités et conditions imposées aux nationaux. Toutefois cette assimilation ne dispense pas l'Etranger de l'accomplissement des conditions d'ordre général, comme de la caution *judicatum solvi*. La convention n'a simplement en vue que l'assimilation des étrangers aux nationaux relativement au droit à la protection de la propriété industrielle et quant aux conditions touchant à la procédure, ces conditions de pure forme, dictées par l'intérêt public, peuvent astreindre le requérant à certaines exigences, mais ne vont pas à l'encontre du droit à la protection.

Elles doivent donc être remplies ; du reste s'il subsistait quelques doutes, il suffirait de rappeler les travaux préparatoires de la conférence de 1880, où il fut reconnu que la Convention ne devait porter atteinte en aucune façon aux lois internes sur la procédure. Citons enfin l'art. 3 du protocole de clôture de la convention de 1883. « Il est bien entendu que la disposition finale de l'art. 2, (relative à l'assimilation) de la Convention ne porte aucune atteinte à la législation des Etats contractants en ce qui concerne la procédure suivie devant les Tribunaux et la compétence de ces Tribunaux ».

L'art. 4 s'applique uniquement aux brevets d'invention, à l'encontre des articles dont nous venons d'étudier le texte qui avaient une portée générale pour toutes les formes de propriété industrielle, quelles qu'elles soient, marques, dessins, brevets, (etc). Aux termes de cet article, l'inventeur ayant déjà déposé sa demande de brevet dans un état de l'Union peut valablement obtenir brevet dans les autres Etats, malgré la publicité ou l'exploitation de son œuvre qui pourrait avoir lieu dans l'intervalle des dépôts, sauf à lui à faire valoir ses droits dans un certain délai.

Depuis longtemps, on s'était occupé de l'impossibilité qu'il y avait dans certains États pour un inventeur de se faire breveter après avoir déjà demandé et obtenu un brevet dans un pays étranger. En fait l'art. 29 de notre loi du 5 juillet 1844, restait lettre morte. Lors des travaux préparatoires qui devaient aboutir à la convention de 1883, MM. Ch. Lyon-Caen et Pouillet soumirent à l'approbation des délégués internationaux, le texte suivant : « Tout dépôt d'une demande de brevet régulièrement faite dans l'un des Etats Concordataires, est attributif de priorité d'enregistrement dans les autres États pendant un délai de... »

Ce fut, dans une autre forme, la solution qui l'emporta, sous la dénomination d'article 4 de la convention : « Celui qui aura fait régulièrement le dépôt d'une demande de brevet d'invention dans l'un des Etats contractants, jouira pour effectuer le dépôt dans les autres États et sous réserves des droits des tiers, d'un droit de priorité pendant les délais déterminés ci-après. En conséquence le dépôt ultérieurement opéré dans l'un des Etats de l'Union avant l'expiration de ces délais ne pourra être invalidé par les faits accomplis dans l'intervalle soit notamment par un autre dépôt, par la publication de l'invention ou son exploitation par un tiers.... Les délais mentionnés ci-dessus seront de six mois pour les brevets d'invention. Ils seront augmentés d'un mois pour les pays d'Outre-Mer. »

Ou s'est demandé à propos de l'art. 4 s'il s'appliquait aux nationaux de l'État dans lequel la seconde demande est faite, aussi bien qu'aux étrangers. L'art. 29 de la loi du 5 juillet 1844, nous avait présenté une question identique, et nous avions dû conclure en faveur d'une assimilation complète. Il en sera de même pour l'art. 4. Car enfin, le texte ne fait aucune distinction; son expression est des plus larges: Celui qui aura, dit-il, et non pas l'étranger, d'autant plus qu'un Français

par exemple peut avoir d'excellentes raisons de recourir en premier lieu à la protection étrangère (*Installa-
tion dans ce pays*, etc.)

Une seconde controverse s'élève relativement aux
causes de déchéance de ce privilège de priorité. Il
semblerait, que la seule cause de déchéance soit
dans l'expiration des délais de six ou sept mois. Il a
été soutenu cependant qu'il y avait aussi déchéance du
droit de prendre un brevet dans un État après être
déjà breveté dans un autre, quand dans l'intervalle,
avant le dépôt de la seconde demande, l'invention avait
été exploitée par l'inventeur lui-même dans le pays où
il prétend bénéficier de l'art. 4. Cette solution était
tirée d'un argument *a contrario*. L'art. 4, disait-on
parle uniquement de l'exploitation par un tiers, d'où
il suit qu'il n'a nullement en vue l'exploitation par
l'inventeur, qui reste une cause de déchéance.

Les partisans de cette opinion se sont mépris sur le
caractère de l'énumération, dans l'art. 4, des faits qui,
par exception au droit commun, ne peuvent préjudicier au caractère de nouveauté de l'invention pendant
un certain délai. Cette énumération loin d'être restrictive est simplement énonciative. Les faits cités le sont
seulement à titre d'exemples. Ceci résulte d'une façon
certaine du texte « *notamment : le droit de priorité ne
pourra être invalidé par les faits accomplis dans l'intervalle* » (*suit l'énumération*). Le caractère purement

énonciatif ne saurait faire aucun doute. (Voir cependant en sens contraire, Trib. Seine, 21 juillet 1891. *Gazette des tribunaux* du 26 juillet 1891).

Le brevet délivré en vertu de l'art. 4 ne saurait préjudicier aux droits acquis par des tiers dans l'intervalle des deux demandes : L'exploitation de l'invention à laquelle ils ont pu se livrer ne peut légitimer une poursuite en contrefaçon.

Plus encore nous pensons que les brevets qu'ils auraient obtenu pour la même invention leur resteraient également acquis, au cas de bonne foi. Cependant s'il y avait fraude, le véritable inventeur pourrait, en France, d'après la solution admise par la jurisprudence, se faire subroger dans les droits de l'usurpateur.

Ces brevets obtenus par un tiers de bonne foi, bénéficient en effet des termes de l'art. 4 ainsi conçus : « Celui qui aurait fait régulièrement le dépôt d'une demande de brevet d'invention dans l'un des Etats contractants, jouira pour effectuer le dépôt dans les autres Etats et *sous réserves des droits des tiers*, d'un droit de priorité, etc ». Ainsi le législateur ne fait aucunes réserves parmi les droits des tiers, d'où il résulte que les brevets qu'ils ont pu obtenir, aussi bien que les divers actes d'exploitation de l'invention qu'ils ont pu faire, l'ont été à juste titre.

Enfin une dernière difficulté est à résoudre. Quel est le caractère du brevet obtenu en vertu de l'article 4. Sera-ce un brevet d'invention, ou un brevet d'importa-

tion ? La distinction a son importance, particulièrement
en France, où, comme nous avons eu l'occasion de l'é-
tudier dans le précédent chapitre, les brevets d'importation sont soumis à certaines restrictions : Ce brevet
doit avoir la même durée normale que le brevet étranger. Au cas où ce dernier devrait normalement s'étein-
dre avant l'expiration du brevet français, celui-ci deviendra caduque et ne peut lui survivre.

Il a été soutenu que par une fiction légale, le second
brevet étranger était censé avoir été délivré à la même
date que le brevet étranger : de là on en concluait à
l'indépendance complète des deux privilèges ; nés au
même instant, l'un ne peut ainsi être dépendant de
l'autre. Le second brevet serait donc un brevet d'invention, soumis aux règles de droit commun. « La convention, a-t-on dit, ne déroge pas à l'article 31 de la
loi du 5 juillet 1844(l'art. 31 s'occupe du caractère de
nouveauté de l'invention) ».

Et Huard l'auteur de cette phrase s'explique en
disant : « la Convention s'applique au moyen d'une fiction; l'inventeur breveté en pays étranger et qui viendrait six mois après se faire breveter en France, en
réclamant le bénéfice de la Convention, échappera à la
rigueur de l'article 31, non pas par exception et quoique
son invention soit déjà publique, mais parce qu'il sera
réputé avoir pris son brevet français à l'instant même
où il prenait son brevet étranger ; la publicité résultant du brevet étranger, sera ainsi censé n'avoir pas

précédé la demande du brevet français, lequel, au moyen de cette fiction, sera valable sans sortir de l'application de l'article 3 ». (Voir Cahen et. L. Lyon-Caen. *De la convention internationale pour la protection de la propriété industrielle,* page 13, note).

Cette explication nous paraît exagérée. Rien dans l'article 4 ne fait supposer que le législateur ait eu recours à une fiction. Nous croyons plutôt qu'il s'est contenté de suspendre durant un certain délai les causes de divulgation de l'invention, de considérer comme non-avenus les faits de divulgation qui auraient pu se produire dans cet intervalle. L'article 4 ne dit rien de plus. D'où la conclusion que le second brevet est un brevet d'importation dont la durée ne peut excéder la durée normale du brevet étranger.

APPENDICE

De la territorialité des brevets d'invention et des inconvénients de la diversité des formalités de demandes de brevets.

Notre étude sur les brevets d'invention nous a montré que tous les Etats avaient soumis les brevets au principe de la territorialité ; c'est-à-dire que le brevet n'a d'effets que sur le territoire soumis à l'influence de l'autorité qui le délivre. Hors ce territoire, le brevet est considéré comme inexistant et l'invention fait partie du domaine public : l'état protecteur ne peut en effet intervenir en dehors de ses frontières et il faudrait pour étendre l'effet du brevet sur territoire étranger une entente internationale.

Cependant une pareille restriction des effets des brevets d'invention n'est pas sans inconvénients. L'inventeur qui veut utilement protéger son invention, est dans l'obligation de faire breveter cette invention dans tous les Etats où la contrefaçon pourrait lui être préjudiciable ; et parfois il sera difficile de réaliser cette

généralisation de la protection industrielle. En effet la
publicité du premier brevet a fait perdre à l'invention
son caractère de nouveauté et la rend désormais non
brevetable.

Sans doute plusieurs Etats ont admis les brevets
d'importation. (Nous prenons l'expression brevet d'importation dans son sens actuel : Il y a brevet d'importation quand un inventeur déjà breveté dans un Etat se
fait breveter pour la même invention dans un autre.) Et ces
États ont stipulé le plus souvent à l'inventeur un certain
délai pour présenter sa demande à leur administration.
Citons entre autres la loi belge (art. 24), la loi Italienne
(art. 4 et II) la loi américaine (art. 4887 des statuts
revisés), etc. En outre la convention internationale de
1883 décide dans son article 4 que : « celui qui aura
fait régulièrement le dépôt d'une demande de brevet
d'invention dans l'un des Etats contractants jouira pour
effectuer le dépôt dans les autres Etats d'un droit de
priorité pendant les délais déterminés ci-après.... Les
délais de priorité mentionnés ci-dessus seront de six
mois pour les brevets d'invention. Ils seront augmentés
d'un mois pour les pays d'Outre-mer ».

Quoi qu'il en soit, les difficultés n'auront pas entièrement disparu. Il est à craindre que les délais
accordés ne soient pas suffisants. Bien plus, l'inventeur devra respecter les droits acquis par les Tiers
dans l'intervalle (Art. 4, Convention de 1883), d'où il
suit que si un Tiers a pris un brevet pour la même

invention, l'inventeur aura à subir la concurrence du breveté.

Ajoutons que la diversité des législations rend encore la tâche de l'inventeur plus ingrate. La complexité des lois, leurs particularités, leurs différences, l'expose à des erreurs faciles, à une compréhension inexacte de leurs textes : D'où des requêtes irrégulières en la forme, et partant nulles. Il convient aussi d'envisager la question des taxes et frais, qui peuvent facilement monter à un taux exorbitant.

La législation française ne reconnaît pas les brevets d'importation, ou plutôt, si elle semble les reconnaître dans son art. 29 de la loi du 5 juillet 1885, en fait, ces brevets deviennent impossibles. Ces brevets sont soumis aux mêmes conditions de validité que les brevets ordinaires ; l'invention doit être essentiellement nouvelle ; il faut donc pour ne pas perdre ce caractère de nouveauté déposer sa demande en France antérieurement à la publicité étrangère Un arrêté du 21 octobre 1848 a tâché de remédier à ces difficultés, en autorisant les inventeurs brevetés à l'étranger à faire le dépôt de leur demande de brevet français dans les colonies françaises.

Quelles sont donc les raisons qui militent en faveur du principe de la territorialité des brevets ?

Tout d'abord on prétend qu'au moment de la délivrance du brevet, un contrat se forme entre l'Etat protecteur et l'inventeur. L'inventeur demande la protection de son invention comme compensation de l'utilité qu'il procure à la société. L'Etat accepte l'offre et promet pour un certain temps de protéger l'exploitation privilégiée de l'inventeur. Si donc, il y a contrat, chaque contractant ne peut engager que lui-même, et il serait illogique et arbitraire d'étendre l'effet de cette convention privée en dehors des parties contractantes.

Cette argumentation nous paraît spécieuse. Sans doute on ne peut s'engager que pour soi-même, mais encore peut-on s'engager pour autrui, si autrui vous en a donné mandat. Il suffirait d'une Convention internationale pour satisfaire les principes ; comme dans la Convention de 1883, les divers États industriels s'engageraient à former une union, en reconnaissant aux brevets délivrés par l'un d'eux, un effet général sur les territoires des pays contractants, sauf cette condition que les gouvernements devraient porter à la connaissance des gouvernements étrangers la teneur des brevets délivrés.

Mieux vaut dire que la création des *brevets internationnaux* est d'une pratique irréalisable. La raison en est dans la diversité des législations actuelles. Notre étude nous a suffisamment convaincus de cette opposition de plus en plus tranchée entre Etats du Nord et Etats Méridionaux. Les Etats-Unis, l'Allemagne, la Grande-Bretagne, l'Autriche, la Norwège ont donné à leur administration le droit d'examen préalable. La France, l'Espagne, l'Italie, la Belgique ont préféré au

contraire le régime d'absence d'examen. La Suisse a
pris un parti intermédiaire, en adoptant le système de
l'avis préalable.

Pour concevoir la création des brevets internationaux, l'identification des diverses législations s'impose.
En effet il est inadmissible que les nations qui ont cru
prudent de donner un pouvoir d'examen plus ou moins
étendu à leur administration, se décident à reconnaître la validité d'un brevet délivré par un état de non-
examen, surtout à notre époque où les partisans des
deux régimes paraissent irréductibles.

Je dirai même qu'il me semble que les brevets internationaux ne seront possibles qu'au cas d'admission
par les Etats industriels du régime d'absence d'examen. Car, le régime d'examen préalable comporte trop
de diversités d'application. Il peut s'entendre de l'examen des conditions juridiques, ou comporter l'appréciation de l'utilité économique de l'invention. Ces diversités seraient encore une cause certaine d'impuis-
sance.

Ainsi les brevets internationaux ne peuvent être
envisagés qu'au point de vue théorique. Pratiquement,
la raison même qui les fait désirer (la diversité des législations actuelles) est la cause qui les empêche d'a-
boutir.

BIBLIOGRAPHIE

Dalloz. — Jurisprudence (Voir brevets d'invention).

Fuzier Hermann. — Répertoire général (Voir brevets).

Renouard. — Traité des brevets d'invention, de perfectionnement et d'importation, 3ᵉ éd. 1865, in-8°.

Bédarride. — Commentaire des lois sur les brevets d'invention, sur les noms des fabricants et les lieux de fabrication, 1869, 3 vol. in-8°.

Picard et Olin. — Traité des brevets d'invention et de la contrefaçon industrielle, 1869. in-8°.

Nouguier. — Des brevets d'invention et de la contrefaçon, 1858, 2ᵉ ed. in-8°.

Huard et Lepelletier. — Répertoire de législation et de Jurisprudence en matière des brevets d'invention.

Pouillet. — Traité théorique et pratique des brevets d'invention, 1 vol. in-8°.

Malapert et Forni. — Nouveau commentaire des lois sur les brevets d'invention.

Malapert. — Des lois sur l s brevets, 1889.

Lyon-Caen et Cahen — De la convention Internationale
pour la protection de la propriété industrielle.

Journal de la propriété industrielle de Berne,

Vu par le Président de la thèse
Cн. LYON-CAEN.

Vu : le Doyen
GLASSON

Vu et permis d'imprimer :
le Vice-Recteur de l'Académie de Paris
GRÉARD

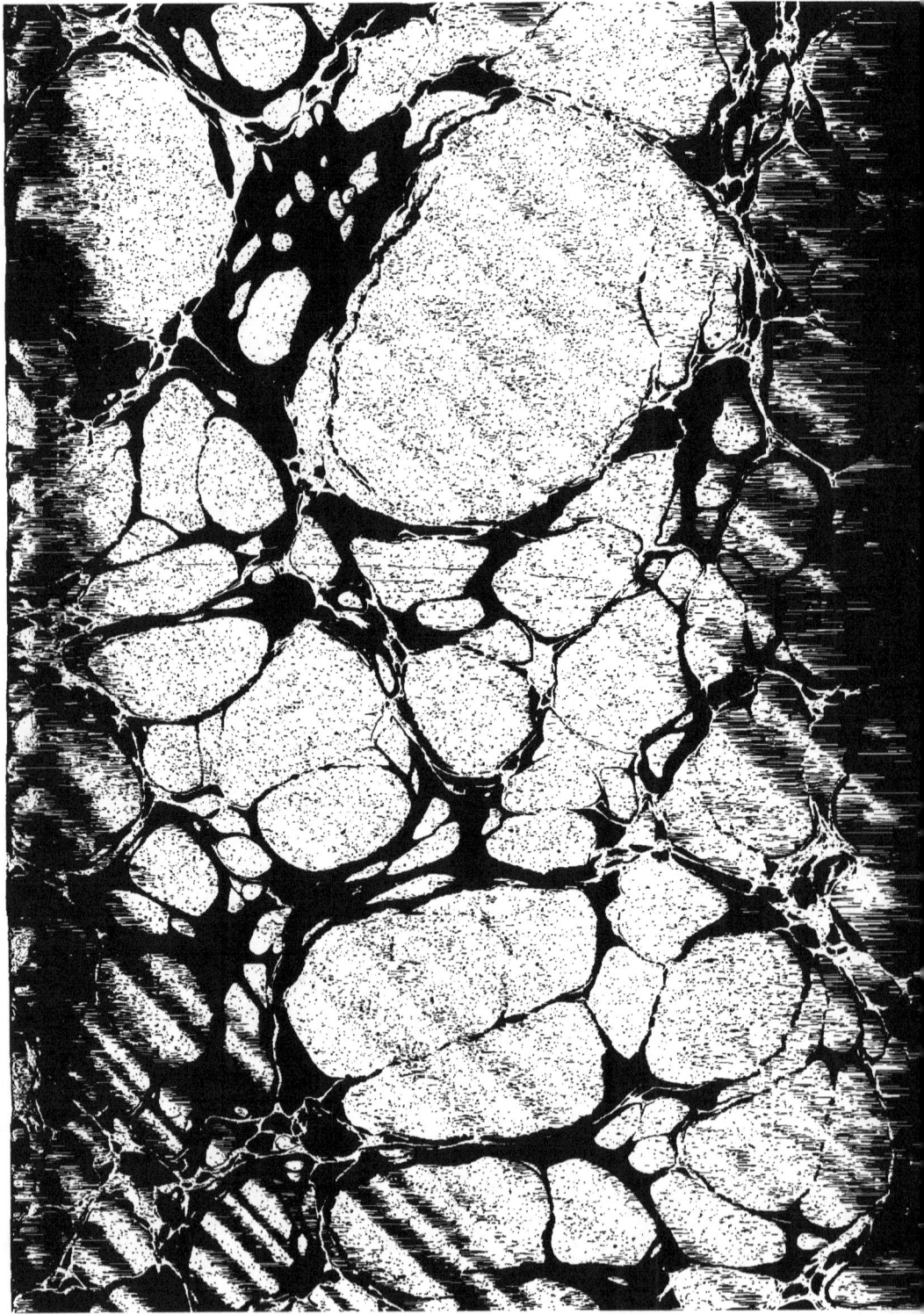

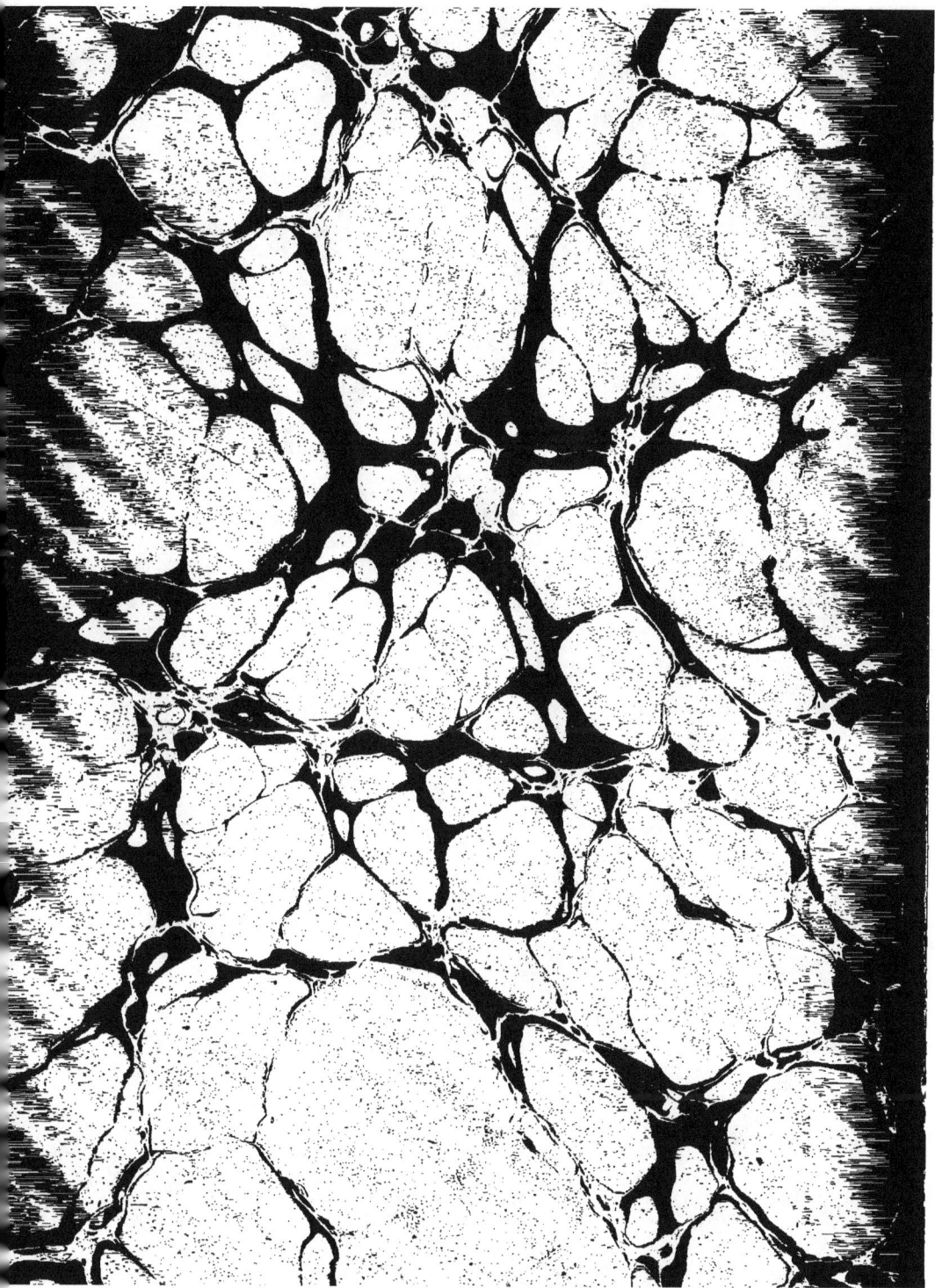